U0058593

普天之下．盡是好書
普天 出版家族
Popular Press Family
凌雲 文創
A-Plus Creative Company

You can do the best

就算不被看好，也要做到最好

凌越——編著

别人可以瞧不起你 你不能瞧不起自己

愛爾蘭作家克里斯蒂．布朗曾說：「如果你因爲別人批評、輕視，就自暴自棄，那麼你將永遠站在失敗的一邊。」

就算不被看好，也要期許自己做到最好，遭遇失敗、折的時候，千萬不要將別人一時的評價，當成自己的靈魔咒，而要藉此鼓勵自己迎向前去，激發自己的潛。別人可以瞧不起你，你卻不能瞧不起自己，越被瞧起，就要越要努力，如此才能讓自己揚眉吐氣。

• 出版序 •

把瞧不起你的人，當成另類的貴人

沒有人能未卜先知，也沒有人能預測你的人生，因為當你跌倒時，唯一能讓你再站起來的人，只有你自己。

愛爾蘭作家克里斯蒂．布朗曾說：「如果你因為別人的批評、輕視，就自暴自棄，那麼你將永遠站在失敗的這一邊。」

就算不被看好，也要期許自己做到最好，遭遇失敗、挫折的時候，千萬不要將別人一時的評價，當成自己的心靈魔咒，而要藉此鼓勵自己迎向前去，激發自己的潛力。

別人可以瞧不起你，你卻不能瞧不起自己，越被瞧不起，就要越要努力，如

此才能讓自己揚眉吐氣。

在美國某一個小鎮上，有個名叫露茜麗．鮑爾的小女孩，從小便立定志向，要成爲一個著名的演員。

懷抱著這個夢想，直到十八歲，她的表演之路終於開始了。

然而，在一家舞蹈學校學習三個月後，她的母親突然接到了一封學校的信函，上面寫著：「您好，相信每個人都知道，本校一向是以培育最佳的表演人才聞名，世界上幾乎所有著名的表演工作者，都是從本校畢業的。所以，我們一眼便能辨識出學生的資質如何，遺憾的是，我們還眞沒有見過，像您女兒如此差的資質，因此我們必須請令千金退學，以維持我們的學生素質。」

露茜麗退學後，一點也不傷心，反而一邊打工，一邊利用工作之餘參加各種演出與排練，而且即使沒有報酬，她也無所謂。

努力想要實現自己夢想的露茜麗，幾乎在全美各個表演節目中，都能看見她的蹤影。

但很不幸的是，她感染了肺炎，住院三個星期，醫生告訴她：「妳的雙腿開始出現萎縮，以後恐怕不能行走了！」

飽受折磨的露茜麗，聽到之後卻非常鎮定，還以堅定的眼神對醫生說：「我知道了！」

露茜麗帶著表演夢和病殘的雙腿，準備回家休養，看著車窗外的藍天，她告訴自己：「我一定會站起來。」

回到家中，在家人們的支持下，她不斷地讓自己站起、前進，經過無數次的跌倒，更忍下每一次復建磨練的痛苦，兩年後，奇蹟出現了，她終於能再次奔跑了！

克服了病魔之後，露茜麗更加賣力地展開自己的表演之夢，但是幸運之神並未完全眷顧她，因爲年齡與身體狀況，讓她的表演路更加艱辛，然而她卻一點也不氣餒，告訴自己：「我已經能自己行走了，以後再也沒有什麼事能難倒我，我一定會成功。」

直到四十歲，露茜麗終於獲得一次相當難得的演出機會，有個電視台的導演看中她，認爲有個角色非常適合由她來詮釋，從這一刻起，她的表演之路正式開始。幾乎一打開電視，觀衆便會看見露茜麗．鮑爾的演出，而且她也越來越受歡迎。在電視螢幕裡，每個人看見的，不是她的跛腿與滿臉的滄桑，而是她傑出的表演天分與能力。

他們看見的，是一個不輕易放棄的女孩，是一個不顧一切實現自己夢想的成功典範！

馬丁路德曾經這麼寫道：「最終衡量一個人是否成功，不是看他一帆風順的時候做什麼，而是看他在艱苦和困難的時刻，是否懂得用坦然的遼闊心態去面對。」

每個人都會遭遇失敗挫折，都有遭人看輕的時候，一味自怨自艾非但於事無補，也會讓你更加讓人瞧不起。與其抱怨爲什麼大家都不看好自己，不如心存感激，把這些輕視自己的人當成另類的貴人，把眼前的挫敗當成激勵自己的難得機會，勇敢接受各式各樣的砥礪。

失敗、挫折只是一時，唯有選擇帶著微笑面對，才能替自己創造更多成功的機會。

當有人嘲笑你、看不起你的時候，非但不能憎恨對方，反而必須抱著感恩的心情感謝對方。因爲，如果不是因爲對方的輕視、蔑視，你又如何能更加激勵自己奮發向上呢？

「北海小英雄」的家鄉斯堪地半島流傳著一句諺語，値得我們用來勉勵自己：「不是溫煦的太陽，而是酷寒的北風造就了維京人。」

在人生奮鬥過程當中，接受各種來自命運或環境的折磨，其實並不是什麼壞事，因爲，唯有遭遇過「酷寒的北風」，人才能鍛鍊出堅毅不撓的個性和鍥而不捨的奮戰精神。

就算不被看好，也要做到最好！「絕不放棄」是露茜麗表現出來的人生觀，

提醒我們只要持續努力就有機會。

年齡不會是阻礙，體能不是我們的藉口，只要我們充滿信心，能鼓起勇氣，跌倒後再站起來，我們便能在困苦中發現生命的樂趣。

沒有人能預見目的地，我們經常聽見的批評和預言，很多時候只是不負責任的臆測，根本沒有人能未卜先知，也沒有人能預測你的人生，因為當你跌倒時，唯一能讓你再站起來的人，只有你自己。

別害怕生命的艱辛與痛苦，只要你走過了，你會發現事情並非你想的那麼艱難。只要你走過了，未來再遇上任何困苦，對你而言，都只是個小石頭，不僅不會絆倒你，也許反而是你成就未來的墊腳石。

• 本書是舊作《越不被看好，越要做到最好》的全新增訂版，謹此說明。

PART—1 每個人都需要一個偉大的夢想

每一個夢想都代表著我們對未來的期許，裡頭蘊藏著無限的生命活力，因為夢想，我們的生活充滿了動力。

PART—2

別再當一個埋沒才華的傻瓜

開採你體內的「金礦」和「油田」，這些資源才是真的取之不盡，用之不竭；一旦你漠然置之或不去深鑿，天份自然會被埋沒。

PART—3

讓平凡的自己變得不平凡

要從每一件小事中發現機會，不漠視自己的平凡，也不小看生活周遭的平凡，如此一來，再平凡的事也能變得不平凡。

PART—4

不要為了小事消耗生命

請重視你的時間價值，仔細衡量得失，你就會發現，
原來自己失去的不只是那幾分鐘而已。

PART— 5

日子難過，更要認真地過

有位哲人曾說：「人生的棋局，只有到了死亡才算結束，只要生命還存在，就有挽回棋局的可能。」

PART—6

只要有決心，一定來得及

俄國文豪高爾基曾在《時鐘》一書中勉勵世人說：「讓整個一生都在追求中度過吧，如此一來，你在這一生裡，必定會擁有許許多多美好的時光。」

PART—7

有實力，才有好運氣

雖然成功有時候也會受到運氣的影響，但是運氣不可能平白無故地從天上掉下來，而是在累積一定的實力之後，才會降臨在努力的人身上。

PART—8

換個角度，就會更加突出

樂觀的人，可以在每個憂患中看到機會；但悲觀的人，卻只能在每個機會中只看到憂患。

PART—9

凡事盡力做到最好

人往往會因為外在環境的嚴峻、冷酷，或是內心世界的鬆懈、怠惰，做事時無法貫徹始終，到最後夢想自然變成空想。

PART— 10

突破自我，就能跳出生活的瓶口

不要再替自己找藉口；只要能夠堅持目標，用心突破瓶頸，人生的出口一定會無限寬廣。

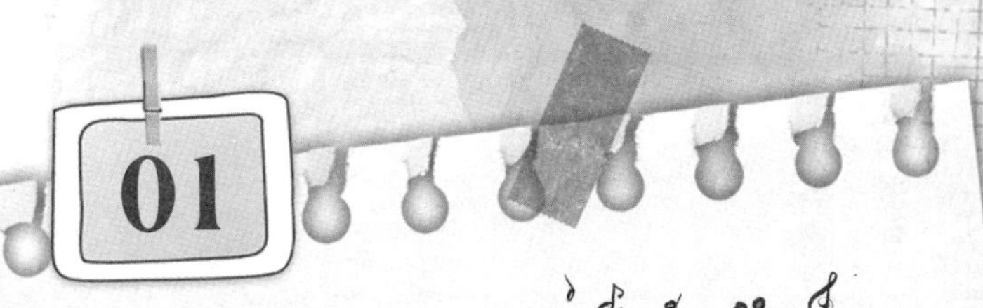

每個人都需要
一個偉大的夢想

每一個夢想都代表著我們對未來的期許，
裡頭蘊藏著無限的生命活力，
因為夢想，我們的生活充滿了動力。

每個人都需要一個偉大的夢想

每一個夢想都代表著我們對未來的期許，裡頭蘊藏著無限的生命活力，因為夢想，我們的生活充滿了動力。

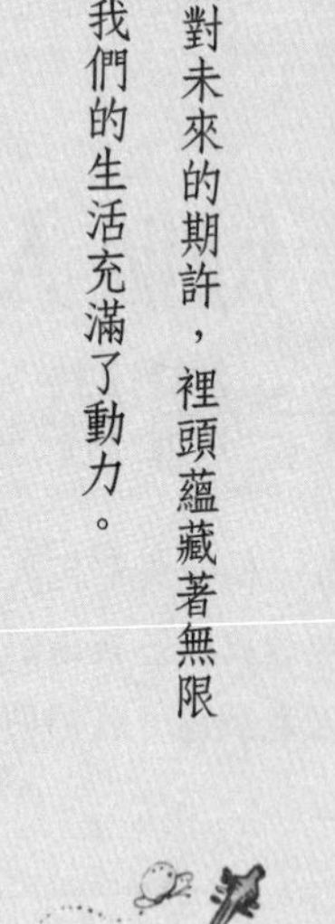

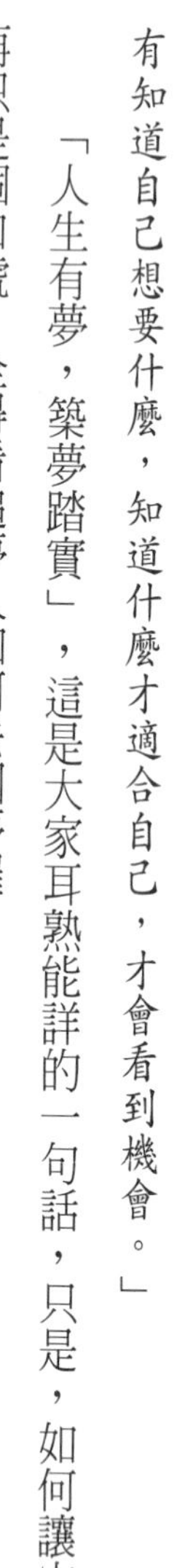

英國政治家迪斯雷利曾說：「如果不知道自己想要什麼，就不會有機會，只有知道自己想要什麼，知道什麼才適合自己，才會看到機會。」

「人生有夢，築夢踏實」，這是大家耳熟能詳的一句話，只是，如何讓它不再只是個口號，全得看追夢人如何去圓夢囉！

有一則勇於追求夢想的眞實故事，發生在舊金山貧民區的一個叫辛普森的小男孩身上。辛普森因爲營養不良又患有軟骨症，六歲的時候，雙腿便嚴重萎縮成「弓」型。

但殘缺的身體，從未讓他放棄心中的夢想，他的願是有一天能成爲美式足球的明星球員。

從小，他就是美式足球傳奇人物吉姆．布朗的忠實球迷，只要吉姆所屬的克里芙蘭布朗斯隊來到舊金山比賽，辛普森一定會跛著步伐，辛苦地走到球場，爲心目中的偶像加油。

由於家境貧窮，買不起門票，辛普森總是等到比賽快結束時，從工作人員打開的大門偷溜進去，欣賞最後的幾分鐘比賽。

有一次，布朗斯隊和舊金山四九人隊比賽結束後，在一家冰淇淋店裡，他終於有機會和心中的偶像吉姆．布朗面對面接觸，而那也正是他多年來最興奮、最期待的一刻。他大方地走到這位球星的前面，大聲說：「布朗先生，我是您忠實的球迷！」

吉姆．布朗和氣地向他說了聲謝謝，辛普森接著又說：「布朗先生，我想跟您說一件事……」

吉姆．布朗轉過頭來問：「小朋友，請問是什麼事呢？」

辛普森一副驕傲的神態說：「我清清楚楚地記著，您創下的每一項紀錄和每一次的攻防哦！」

吉姆．布朗開心地回應著笑容，拍拍他的頭說：「孩子，真不簡單。」

這時，辛普森卻挺起胸膛，眼睛閃爍著熾烈光芒，充滿自信地說：「不過，布朗先生，有一天我要打破您創下的每一項紀錄！」

聽完小男孩的話，這位橄欖球大明星微笑地說：「哇，好大的口氣，孩子，你叫什麼名字？」

小男孩得意地說：「奧倫索，我的名字叫奧倫索．辛普森。」

儘管一點都不被看好，小辛普森仍懷著偉大的夢想，後來他不僅打破了吉姆．布朗寫下的所有紀錄，更刷新了許多新的紀錄。

曾經擔任聯合國秘書長的瑞典政治家哈瑪舍爾德曾說：「我們無從選擇命運的框架，但我們放進去的東西卻是我們自己的。」

從小開始，我們就做著不同的夢，每一個夢想都代表著我們對未來的期許，裡頭蘊藏著無限的生命活力，因爲夢想，我們的生活充滿了動力，因爲有夢，我們才會在生活中希望無限。

夢想是必須的，但是要堅持決心，踏實築夢，你的夢想才有落實的一天，要像小辛普森一樣，堅定自己的夢想，立定目標前進，你才能有機會看見屬於自己的精彩人生。

生活雞精

重新鑄造自己，就是發現選擇機會；決定發展方向，努力實現目標的過程，是重新駕馭自己生活的過程。

——海厄特

只要有信心，一切沒問題

別擔心阻礙，也別害怕逆境的到來，只要你肯行動，沒有什麼事是不可能的，多給自己一些行動的勇氣和動力，生活才會有轉變。

在「人生大海」中，我們不能期望它永遠風平浪靜，我們必須學會如何在狂風暴雨當中，用自信將自己的「生命之舟」順利駛向成功的彼岸。

在一般人不敢想、不敢做的地方，總會有勇敢的人走出來實踐；在一般人望而卻步的逆境中，仍然有人能表現精湛。

奧維德曾說：「沒有勇氣過好今天的人，明天會過得更糟。」

其實，一個人的偉大，並不在於他們先天擁有什麼能力，而在於他們是否擁

有面對問題的信心和勇氣。

千萬要記住，只要用自信和勇氣去面對，一切的問題都會迎刃而解。

傑瑞被公認是好萊塢最出色的製片人和經紀人之一，許多超級明星的演出事宜都委由他處理。

有一年，傑瑞碰上了一個挑戰，因爲「貓王」普利斯萊是當時音樂界最炙手可熱的巨星，傑瑞非常想爭取成爲他的經紀人。

一天，傑瑞打電話給普利斯萊的經紀公司經理帕克，希望能和帕克簽約，讓他的公司安排普利斯萊的演出。

帕克一口就回絕他的要求，但是，傑瑞並不灰心，反而每天不斷地打電話給帕克。

儘管不斷地遭到拒絕，傑瑞都仍堅持不懈，這樣的努力終於讓帕克退一步和傑瑞商談，他要求說：「如果你能帶一百萬美元的支票來我這裡，或許我們可以談談。」

一開口就要一百萬美元，這在當時是史無前例的，但是傑瑞決心不放棄，真的帶著一百萬美元，作爲與帕克面談的見面禮。

帕克看到支票，便用力握住傑瑞的手說：「好，這筆生意成交！」

一年後，傑瑞在全國各地辦了好幾場演唱會，每一場都非常成功。演唱會結束後，帕克把那張一百萬美元的支票還給了他，原來帕克收到這張支票後一直放在抽屜裡。

傑瑞好奇地問他：「爲什麼沒把支票兌換成現款？」

帕克微笑著說：「我不是眞的要這筆錢，當初我只是想試試你，是否具有經辦這筆大買賣的勇氣。」

只要充滿自信，很多事情就可以改變。透過自己或別人的種種經歷，我們更能看清生命的運行軌跡就是這樣奇妙。

維爾曾經這麼說過：「現實中的挫折皆可克服，唯獨缺乏勇氣去面對的困難無法解決。」

的確，有時候，我們面對人生的困難挫折時，我們會爲自己缺乏勇氣找尋藉口，卻不願爲遇到的問題，尋找解決的勇氣。

故事中，雖然傑瑞的舉動很冒險，也因此經歷了一些失敗，但是因爲他勇於前進，爲自己創造了更多的機會。

別擔心阻礙，也別害怕逆境到來，只要你肯行動，沒有什麼事是不可能的，多給自己一些行動的勇氣和動力，生活才會有轉變。

生活雞精

不要害怕生活，堅信自己的生活是值得去生活的，那麼，你的信念就會有助於創造這個事實。

——美國心理學家詹姆斯

恐懼會讓你淪為生活的奴隸

與其害怕恐懼地逃避著，不如大膽地面對吧，只要你把花在恐懼的時間拿來實踐、前進，你會發現所有的害怕、擔心都是多餘。

恐懼最容易磨損一個人的心志、情緒，會使人喪失勇氣和信心，最後淪爲生活的奴隸。

明明事情都還沒開始，許多人的心情就開始緊張起來，不是四肢無力，就是在開始前一秒就感到自己快要虛脫、窒息。

眞的有那麼嚴重嗎？事情都還沒開始呢！

在英國曼徹斯特有一項克服飛行恐懼的訓練課程，課程中的最後一段航程是由英國本土飛至曼徹斯特。

有一批隊員進行到這段課程時，卻遇上了惡劣的天氣，天空烏黑密佈，但是，隊長卻堅持必須照原定計劃進行。

飛機升空之後，風雨交加，機身搖晃得非常厲害，還好飛行了一個鐘頭後，飛機總算安全降落。

隊員們在飛行過程中，大都表現得非常鎮定，一直到著地後，有位年紀較大的隊員忍不住對隊長說：「你的表現很令人佩服，但是在狂風暴雨中飛行，你不覺得太危險了嗎？」

隊長回答說：「許多人對飛行有所誤解，他們以爲飛機如果在空中熄火便會馬上墜落，其實不然，即使是最大型的飛機，也會在空中滑翔好一陣子才墜落，而且以我們的專業訓練和經驗，即使天候不良，一點也不會影響飛行的安全。」

對某些人來說，光是叫他們上飛機就有點困難了，因為他們害怕搭飛機，而這種恐懼有一部分是由於他們缺乏對飛行的了解。

經過這一連串的訓練，許多害怕飛行的學員，不僅克服了恐懼，也讓自己更有自信。

就像這位隊長所說的：「恐懼，就像你遇上一隻兇狠大叫的狗，如果你轉身就跑，牠肯定要追上來咬你一口。」

許多人面對自己恐懼的事物，往往斗大的冷汗滴答落下，心跳猛烈地撞擊，全身不由自主地抖著，但事情都還沒開始，怎麼會這樣呢？

心理醫師解釋這種現象說：「這是因為想太多了！」

好一個「想太多」，有意思吧！

是啊，我們不都是想太多了嗎？在還沒開始前，想著可能遭遇到的失敗挫折；完成後又擔憂著未來可能碰上其他的困難。

不管用什麼角度想，不論在什麼時候想，那些都只是多餘的擔心和害怕，讓事情永遠停在原地，讓自己無法突破，甚至選擇退縮。

這樣的生活，難道你不覺得疲累嗎？

與其害怕恐懼地逃避著，不如大膽地面對吧，只要你把花在恐懼的時間拿來實踐、前進，你會發現事情再差也不過如此而已，所有的害怕、擔心都是多餘。

生活雞精

只要下定決心克服恐懼，便幾乎能克服任何恐懼。因為，除了在腦海中，恐懼無處藏身。

——戴爾．卡耐基

一個屁股不能坐兩張椅子

腦海中計劃了那麼多事情，你完成過哪一項？是不是連最重要的事都沒做好？走過了一段不長也不短的人生路，生命是否仍然空白？

德國哲學家黑格爾說：「一個善於限制自己的人，才有指望成功。」這是因為人的慾求太過旺盛，要限制自己的某些願望，才能讓注意力集中到最主要的願望上。

別太貪心，所謂「梧鼠技窮」就是這麼回事，你越是貪心，什麼都想要，每一種都要了一些，但沒有一樣是專精的，最後當然技窮囉！

一個屁股不能坐兩張椅子，想要獲得成功，一定要選定一個你真正想完成的

目標努力去達成，千萬別太貪心，不然你肯定要一事無成。

義大利著名的男高音帕瓦羅蒂，還是個小孩子時，父親雖然是麵包師，對音樂卻非常有興趣，從小就教導他學習如何歌唱。他鼓勵帕瓦羅蒂要刻苦練習，培養自己的實力。

後來，他拜了一位名叫阿利戈的專業歌手爲師，當他即將從音樂學院畢業的時候，問了父親一件事：「爸爸，畢業之後，我是要當位音樂老師，還是成爲一個歌唱家呢？」

他的父親這樣回答：「孩子，如果你想同時坐在兩把椅子上，是絕對不可能的事，你肯定會從這兩把椅子上摔下來，記住，別想貪心地同時坐在兩把椅子上，生活中你只能選定一把椅子坐。」

帕瓦羅蒂最後選擇了當歌唱家，忍受不斷失敗的痛苦，經過長達七年的煎熬，終於有了第一次登台演出的機會，再奮鬥七年之後，終於進入了大都會歌劇院。

許多人問他究竟如何成功，他回答說：「方法很簡單，不管我們的選擇是什麼，關鍵只有一個，那就是選定一把椅子就好。」

想要獲得成功，必須先問自己想到達哪個位置，然後竭盡全力迎向前去，而不是認爲自己是天才，可以做好所有想做的事。

如果你不知道自己眞正想要的是什麼，不知道定位在哪裡，那麼你的人生就會像無頭蒼蠅失去方向。

自己腦海中計劃了那麼多事情，你完成過哪一項？

是不是連最重要的事都沒做好？

是不是走過了一段不長也不短的人生路，生命是否仍然空白？

仔細想一想，是不是因爲自己太貪心了，老是想一心二用？

別再這麼漫無目標地追求，別再這麼沒有效率活下去了，你還有多少時間可以浪費呢？

太貪心的話，小心噎著，選定一張椅子坐就好，不然你永遠只能在不斷的跌倒中後悔。

記住，千萬不要陷入眼前的雜亂事務而不能自拔！

生活雞精

目光遠大的人應當將自己的每一個願望擺好位置；貪得無饜常常使我們同時去追逐許多目標，以致貪小失大。

——拉羅什富科

只有危機才能創造奇蹟

奇蹟因為需要而發生，一切都是有著無限潛力的人們，在受到強烈刺激的情況下，把自身的潛能瞬間爆發出來！

人爲什麼會不斷創造出奇蹟？

奇蹟不是無法解釋的神蹟，也不是天顯神威的結果，而是每個人都有無限的潛能，一旦全神貫注面對危機，它就會猛烈爆發出來，只是平時沒有機會或方法把它激發出來罷了。

有一位農夫的十四歲兒子對汽車非常著迷，因爲年紀尚未達到考取駕照的門檻，還不能上路，但是這位很寵小孩子的農夫還是讓兒子在農田附近學習開車。

他的兒子學習能力很強，很快就能夠操縱車子，於是農夫就准許他在農場裡練習開車，但是不允許他開到外面的路上。

有一天，車子突然翻進了水溝裡，農夫嚇了一大跳，連忙跑到出事地方。他看兒子被壓在車子底下，動彈不得，只有頭部露在外面。

這位農夫並不高大，但是，愛子心切的他毫不猶豫地跳進水溝，雙手伸到車子底下，一股勁把車子抬了起來。

農夫緊急將孩子送到醫院，醫生很快替男孩檢查一下，還好只是皮肉傷，其他並無大礙。

這時候，農夫突然想起剛才的事——自己竟然能抬起那輛車，事後他好奇地想再試驗一次，結果卻完全動不了那車子。

對於這個奇蹟，醫生普遍的解釋是，這是身體機能對緊急狀況產生反映，腎上腺因此大量分泌激素，傳遍全身後產生的龐大力量。

不管是腎上腺分泌激素，還是愛子心切所創造的奇蹟，都說明只要心裡充滿強烈的渴望，就能達成自己的目標。

奇蹟因爲需要而發生，一切都是有著無限潛力的人們，在受到強烈刺激的情況下，把自身的潛能瞬間爆發出來！

生活雞精

疑慮是我們心中的叛逆者，由於害怕去追求，使我們失去我們通常能夠贏得的東西。

——莎士比亞

別讓衰神繼續跟著自己走

別再皺眉頭了！不想讓衰神再跟著自己走，你就得先照亮自己，改變生活態度，隨時問自己：「什麼才是自己最想要的？」

俄國文學家高爾基在他的名著《我的大學》裡，曾經寫過這麼一段深刻的句子：「人生太苦了，所以每一個人的靈魂都需要一顆糖。」

人的一生本來就充滿選擇，如何面對發生在自己眼前的事情也是一種選擇，你可以微笑面對，也可以哭鬧賴皮。

什麼才是面對事情的最好方法，並沒有標準答案，因爲你的選擇決定你的人生，別人無法替你做選擇。只能說，哪一種方法能讓你覺得自己在享受生活，那就算是不錯的決定了。

約翰是某大飯店的經理，肩負著別人難以想像的沉重壓力，但是，在他的臉上卻無時無刻掛著愉快的微笑，只要一看見他，每個人的心情都會跟著好了起來。只要問他近況如何，他一定回答：「非常好，天天都很開心。」

當他看到同事心情不好的時候，他會加以安慰，還會教導他們如何調理自己的心情。

他常常告訴同事說：「每天醒來的第一件事，我都會對自己說：約翰，今天你有兩個選擇，一是開心，一是不開心。你認爲我應該選擇什麼？自然是開心囉！」

當有不幸的事情發生，我們可以選擇成爲自憐自艾的受害者，接受同情和協助，但也可以選擇堅強去面對，並從中學習、成長；因爲這是我的人生，我們有權選擇。

有一天深夜，約翰下班返家之時，被三個持槍的歹徒攔路搶劫，還被開了一槍，倒在血泊中。

他很幸運地被人發現，及時送進醫院急救。

病情穩定之後，朋友來探望他，他還開著玩笑說：「我的心情好得很，想不想看看我的傷疤？」

朋友問他，事發當時他心裡想了些什麼，約翰說：「當我躺在地上的時候，我告訴自己，我有兩個選擇，不是生就是死，我當然要選擇活下去。醫護人員在我的身邊安慰著我，鼓勵著我，雖然我知道當時自己的傷勢並不樂觀，但我知道我一定能夠撐過去，只要我願意。」

在急救的過程中，當護士大聲問他有沒有對什麼東西過敏時，他馬上回答：「有！」

這時，所有的醫生、護士都停了下來讓他說下去，他吸了一大口氣，接著大吼說：「子彈！」

所有人都大笑一聲，接著他又說：「我不是將死之人，請把我當個活人醫就對了。」

於是，約翰就這樣活下來了，而且活得更加精彩。

法國著名的小說家莫泊桑曾經這麼說過：「人生雖然不像想像中那麼好，但也不像想像中那麼糟。」

生命本來就充滿選擇，我們的生活態度將決定我們的生活內容。

我們可以選擇不開心，放著重要的事不管，挺著一肚子的怨氣四處發牢騷，但是靜下心來想一想，抱怨之後我們得到了些什麼？更多的同情，還是更多的幫忙？

是一無所獲吧！甚至很多人根本一點也不理睬你。

所謂的「把自己哭衰」就是這麼回事，總是覺得自己的生活灰暗的人，怎麼會有明亮的人生？

別再皺眉頭了！如果不想讓衰神再跟著自己走，你就得先照亮自己，改變自

己的生活態度，隨時問自己：「什麼才是自己最想要的？」

只要選定了你希望的生活目標，調亮你的生活態度，生命的選擇權就在你手上，而且你會發現，原來世界正跟著你的希望在轉動。

生活雞精

未來有兩種前景，一種是猥猥瑣瑣的，一種是充滿理想的。上蒼賦予人自由的意志，讓人可以自行選擇，你的未來就看你自己了。

——大仲馬

先問你能給自己多少機會

不要老是在前進的路上丟石頭阻擋自己，如果你連雙腳都還沒有跨出去，就退回了原點，怎能要求命運之神給你多一點機會和幸運？

在檢討得失成敗之時，你是不是發覺自己曾經因爲怠惰和遷就環境，而拒絕了很多機會，是不是每一次拒絕之後才開始後悔？

一個人會有多少機會，連老天爺都無法清楚告訴你，因爲，機會就在你手中，你能給自己多少，機會就有多少，一旦放棄了就機會不再。

有三隻青蛙不小心掉進了鮮奶桶中，牠們面對厄運的態度，決定了牠們命運。第一隻青蛙認命地嘆了口氣說：「唉，這是無法改變的命運。」說完便一動也不動地等著死亡降臨。

第二隻青蛙跳了幾下，搖了搖頭說：「這桶實在太深了，以我的跳躍功力，看來是不可能跳得出去，唉，這回我死定了。」於是，牠也不掙扎了，隨即就沉入桶底淹死了。

第三隻青蛙則打量著四周說：「眞是倒楣，」但是，牠毫不氣餒，伸了伸後腳：「這後腿還可以使出勁力，找個可以墊腳的東西，試試再說！」

於是，這第三隻青蛙一邊用力划動，一邊努力地跳躍，沒想到鮮奶就在牠的攪拌下變成了奶油塊，有了這些奶油塊的支撐，這隻青蛙奮力一躍，終於跳出了鮮奶桶。

當我們遭遇困難、危險的時候，如果沒有勇於嘗試的精神，怎麼知道自己能不能衝破難關，怎麼知道結局會如何？

通往成功的道路會有很多條，但是前進的交通工具卻只有一種，那就是勇敢向前邁進。

不要老是在前進的路上丟石頭阻擋自己，如果你連雙腳都還沒有跨出去，就退回了原點，請問，你怎能要求命運之神給你多一點機會和幸運？

只要勇敢嘗試，就算沒有達到預期，所有經驗的累積，都將讓你在下一次機會出現時，朝著理想目標更進一大步。

生活雞精

你要走的道路，要完成的事業，只能靠自己決定，別人和環境對你造成的影響非常有限。

——金克雷．伍德

賺錢不是人生唯一的目標

賺錢是最壞的目標，只要你能把眼光先放在間接財富上，知道追求理想更重於獲得金錢，直接財富就會源源不斷來到你身邊。

安德魯．卡內基三十三歲的時候，成爲聞名世界的「鋼鐵大王」，那一年，他勉勵自己：「人生必須有目標，但賺錢是最壞的目標，我希望在直接的財富之外，每個人都會看到間接財富；在狹義的財富之外，有胸襟見到廣義的財富。」

金錢應該是成功的附屬品，如果你把賺錢當成人生的唯一目標，只會使你淪爲微不足道的小人物。

有一年的夏天，天氣特別炎熱，一群鐵路工人正在月台邊的鐵道上汗流浹背地工作時，一列火車緩緩開了進來，打斷了他們的工作。

火車停了下來，有一節車廂的窗戶打開了，車廂內的空調系統散發出陣陣冷氣，一個低沉的、友善的聲音從窗口傳了出來：「大衛，是你嗎？」

大衛是這群工人的負責人，聽見熟悉的聲音後，高興地回答說：「是我，是吉姆嗎？見到你眞高興。」

吉姆是鐵路公司的總裁，大衛和他是非常好的朋友，兩個人開心地聊了一會兒，不久，火車要繼續起程，兩人只得不捨地握手道別。

火車遠離後，工人們立刻包圍著大衛，他們非常好奇大衛竟然和公司總裁相識。大衛神情得意地解釋說，二十年前他和吉姆是同一天上班，一起在這條鐵路上工作。

這時，有人開玩笑地調侃大衛，問他爲什麼現在仍在大太陽底下工作，而吉

姆卻成了鐵路公司的總裁。

只見大衛惆悵地說：「因爲，二十年前我只是爲了一小時一．七五美元的薪水而工作，但吉姆卻是爲了這條鐵路而工作。」

看待工作的心態，會決定一個人日後能否出類拔萃。

當然，並不是說，工作不需要金錢來維持，也不是說我們可以不靠金錢而生存，而是我們應該提醒自己，要把金錢當做工作的回報，相信工作付出得越多，金錢自然回報得越多。

如果，你把注意力由工作轉向金錢，不僅會使自己失去工作之時應有的敬業精神，更會因爲急功近利的工作態度，讓你只想著如何獲得金錢，而忘記遠大的理想。

沒錯，錢不是萬能，但沒有錢也萬萬不能，只是，過度計較一元二角時，你是不是失去了更大的財富——一種累積再多金錢也無法買到的未來？

就像安德魯．卡內基所說的，賺錢是最壞的目標，只要你能把眼光先放在間接財富上，知道追求理想更重於獲得金錢，先累積間接財富，直接財富就會源源不斷來到你身邊。

當你知道追求的目標就在最高的地方，朝著目標一步一步爬上去，認眞紮實地累積你的每一步，那才算是走在成功的道路上。

生活雞精

以掙錢為最高目的的人，正不知不覺把他們的生命和靈魂出賣給富人，或者代表金錢的組合體。

——泰戈爾

用汗水代替口水

英國詩人布雷克：「光會想像而不行動的人，只是生產思想垃圾。成功是一把梯子，雙手插在口袋裡的人是爬不上去的。」

曾經榮獲諾貝爾文學獎的美國作家賽珍珠曾說：「我從不等待好運的來臨。如果你一味等待，就不能完成任何事情。你必須記住，只有動手才能有所獲得。」

你還在等待好運從天下掉下來嗎？別再做夢了！趕快行動吧！

有位學問高深的窮教授，和一位文盲同住在一間破舊的公寓裡，儘管兩個人

的地位懸殊，學識、性格都有天壤之別，但兩個人卻有一個共同的夢想，那就是想儘快富裕起來，脫離貧窮的生活。

每天晚上，教授在感慨自己懷才不遇之餘，都會翹著二郎腿大談他的致富經，而文盲則靜靜坐在旁邊，虔誠地聆聽他的發財構想。

他非常欽佩教授的學識與智慧，每天專心聽著教授的理論，後來便開始照著他的致富方法去實踐。

幾年之後，這位文盲眞的成爲一位大富翁，然而，這位滿腦子構想的教授，卻仍依舊住在破公寓裡，每晚空談他的致富理論。

從這則小故事中，我們知道，理論固然重要，但是再好的理論，如果沒有訴諸行動也是枉然。

許多人也常常過著這樣的日子，老是喜歡空談理論，大談夢想、未來，卻不肯把花在嘴巴上的言詞化作行動。我們不是常說「一分耕耘一分收穫」，或是「要

怎麼收穫，先要怎麼栽」嗎？唯有採取行動，援用你的理論，把口水變成汗水，夢想就不再是空想。

人喜歡癡心妄想，總是等待著幸運從天上掉下來，或是光說不練，等待著別人成功之後會拉自己一把。

人對於自己的一生當然必須有美好的憧憬，但是，這種憧憬是不可能靠著空談和等待而實現的，殊不見，最後功成名就的人，都是付出行動解決問題的人，他們照著正確的原則掌握主動，做了需要做的事件，並完成工作目標。千萬要記住英國詩人布雷克的叮嚀：「光會想像而不行動的人，只是生產思想垃圾。成功是一把梯子，雙手插在口袋裡的人是爬不上去的。」

生活雞精

如果你做事缺乏誠意，或者遲遲不願動手，那麼，即使你有天大本事，也不會有什麼成就。

——狄更斯

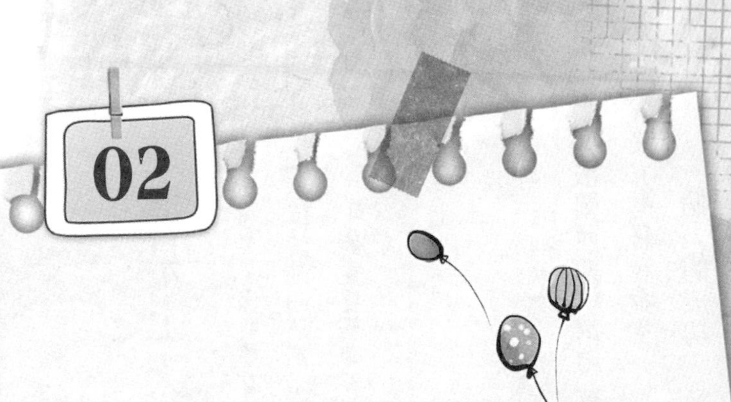

02

別再當一個 埋沒才華的傻瓜

開採你體內的「金礦」和「油田」，
這些資源才是真的取之不盡，用之不竭；
一旦你漠然置之或不去深鑿，天份自然會被埋沒。

逆境是上天恩賜的禮物

如果，你期望有個不平凡的生活，渴望有個精采人生，請期待任何「艱苦」與「困難」的到來，那些正是你成就非凡人生的重要墊腳石！

法蘭西斯．培根曾說：「在順境中也有可怕與不如意的事；在逆境裡，又未嘗沒有慰藉和希望。」

一個人的成功、幸福，往往來自對各種不同環境的適應能力，只要願意試著用喜愛的心情面對，那麼無論遭遇什麼困境，都會是通往成功、幸福的途徑。

世界級的小提琴大師帕格尼，自小琴藝天分便展露無遺，不過即使是個音樂奇才，帕格尼從小也經歷了各種艱難和困苦。

自四歲的一場痲疹開始，帕格尼幾乎是在病痛中成長；七歲那年，他差點死於猩紅熱；十三歲時則罹患肺炎，必須大量放血治療；四十歲時，因爲牙床突然發膿，幾乎拔掉所有的牙齒。接著，牙床才剛康復，他的眼睛卻感染可怕的傳染疾病。

不幸的事接二連三，五十歲之後，帕格尼在關節炎、腸道炎與結核等病痛中辛苦生活，這些可怕的災難惡狠狠地吞噬著他的生命。

有一天，他忽然吐了口鮮血，便結束了生命。

然而，被折磨了五十七個年頭，連死後老天爺仍然不放過他，他的遺體經歷了八次搬遷，最後總算入土爲安。

面對這些病痛，帕格尼從小習慣把自己囚禁。他從三歲開始便經常躲在房裡練琴，而且一練就是十二個小時。

十二歲時，他舉辦了首場個人音樂會，而且一舉成名。日後，他的琴聲遍及歐洲各個角落，歌德曾讚美他的琴音是：「在他的琴弦上，不知道充滿了多少靈魂。」

十三歲開始，他便過著流浪的生活，雖然他曾經與五個女人有過感情糾葛，但是卻一直都得不到眞愛，他曾經這麼說：「在我的生命裡，只有小提琴這個唯一的兒子。」

音樂家李斯特在聽過他琴音時的驚呼，最能道出這位大師創作出來的生命樂章：「天哪！在這四根琴弦裡，不知道包含了多少苦難、傷痛和受到殘害的靈魂啊！」

生活艱困而生命堅強的小提琴大師帕格尼，在李斯特的嘆息聲中，更顯得光芒萬丈！

上天賦予我們生命，便有其存在的價値與目的，即使附加許多難以承受的苦難，在這些困頓的環境裡，我們也會品嚐到其中的甘甜與美好。

就像帕格尼一樣，以自己堅強的生命力，發展他獨特的音樂天分，更以難得的經歷，創作出撼動人心的樂章。

在身體殘缺者的身上或絕症患者的眼神中，我們不斷地看見生命的活力，更發現令人驚異的堅強毅力。

如果，你期望自己能夠有個不平凡的生活，渴望有個精采人生，請期待任何「艱苦」與「困難」的到來。只要充滿自信，那些折磨，就會是你成就非凡人生的重要墊腳石！

生活雞精

人，當作自己看待時，他是有限的，但是當他在自己本身中，卻是無限性的泉源。他是自己本身的目的——他在自身中有一種無限的價值一種永恆的使命。

——德國哲學家黑格爾

用熱忱灌溉，沒有什麼事是不可能的

從來就沒有熱情於工作的人，會因為太熱情了丟了工作，
也從沒有認真付出的人，會因為太過認真而無法成功。

詩人拜倫曾經說過：「折磨是通往成功的第一段道路。」人的一生當中，可能會遇到各式各樣的困難和挫折，想要成功，就必須勇敢面對它們，戰勝它們。

有人說，人生的命運是一尊雕像，磨難猶如一把鋒利的雕刻刀，人就是用這把刀來刻劃命運的雕刻家；一尊美好的雕像的誕生，需經過磨難的洗禮，更需要雕刻家的堅毅和深沈。

美國著名的推銷員查姆斯擔任某公司銷售經理時，曾經因爲有心人士散佈該公司發生財務危機的謠言，導致整體業績一落千丈。

這件事嚴重影響了員工們對公司的向心力和工作熱忱，特別是負責推銷的銷售人員更因此失去衝勁，銷售成績直線下滑。

由於情況極爲嚴重，查姆斯不得不召開一次大會，把分佈在全美各地的推銷員緊急召回參加這次會議。

會議進行時，他首先請業績最好的幾位銷售員站起來，要他們說明銷售量下滑的原因。這些銷售員一一站起來，不是歸咎於經濟不景氣，就是抱怨廣告預算太少，再不然就是推說消費者的需求量不大。

聽完他們列舉的種種困難情況後，查姆斯突然高舉雙手要求大家肅靜。然後，他說：「停，會議暫停十分鐘，我要把我的皮鞋擦亮。」

接著，他叫坐在附近的一名黑人小工友把擦鞋工具箱拿來，把他的皮鞋擦亮。

在場的銷售員都不明白此舉有何用意，不禁竊竊私語。

會議暫停之時，那位黑人小工友不慌不忙地擦著，俐落地表現出最專業的擦鞋技巧。

皮鞋擦亮後，查姆斯先生給了小工友一毛錢，然後發表他的演說。

他說：「我希望你們每個人，好好看看這位小工友，公司裡的每一雙皮鞋都是他擦的，在他之前是位白人小男孩，年紀比他大，儘管公司每周補貼他五塊錢的薪水，加上工廠裡數千名員工的賺錢機會，他卻仍然無法賺取足夠的生活費用。但是，這位黑人小男孩卻可以賺到相當不錯的收入，每周還可存下一點錢。現在，我想請問你們一個問題，那個白人小孩拉不到生意，是誰的錯？是他的錯還是顧客的錯？」

那些推銷員不約而同地大聲說：「當然是那孩子的錯。」

「沒錯！」查姆斯回答：「現在我要告訴你們，這個時機和一年前的情況完全相同，同樣的地區、同樣的對象及同樣的商業條件，但是，你們的銷售成績卻遠遠比不上去年。這到底是誰的錯？是你們的錯，還是顧客的錯？」

全體推銷員同樣又傳來如雷般的回答：「當然，是我們的錯！」

「我很高興，你們能坦率承認你們的錯。」查姆斯說：「現在我要告訴你們錯誤在哪裡，你們一定聽到了公司財務發生問題的謠言，才影響你們的工作熱忱；不是景氣不好，而是你們推銷態度不像以前那樣熱情賣力了。現在，只要你們回到自己的銷售地區，並保證在三十天內提高自己的銷售業績，那麼本公司就不會有財務危機，你們做得到嗎？」

「做得到！」幾千名員工一起大喊，後來他們果然辦到了，還讓公司的業績突破紀錄。

愛默生曾說：「每一種折磨或挫折，都隱藏著讓人成功的種子。」

的確，不論做任何事都需要勇氣，尤其是接受別人折磨的勇氣，因為，如果我們不敢接受人生中的各種折磨，甚至不懂得感謝折磨你的人，就無法從折磨當中找到成功的真諦。

不管在什麼樣的領域，或是什麼樣的身份，只要肯用心、有熱忱，就一定能把每份工作做到最好。你一定要用這樣的態度，告訴自己：「只要我肯努力，一切都會是最好的情況。」

從來就沒有熱情於工作的人，會因爲太熱情了丟了工作，也從沒有認眞付出的人，會因爲太過認眞而無法成功。凡事只要興趣不減，熱情不減，再艱辛的難關都一定會走過去的。

生活雞精

失敗之後，要誠實地檢討自己，只有坦率地檢討為什麼會失敗這個問題，才能使失敗成為成功之母。

——海厄特

別再當一個埋沒才華的傻瓜

開採你體內的「金礦」和「油田」，這些資源才是真的取之不盡，用之不竭；一旦你漠然置之或不去深鑿，天份自然會被埋沒。

想要擁有精采的人生，重點並不在於是否活得比別人絢爛非凡，而是認識自己的價值，不當埋沒才華的傻瓜。

你如何衡量自己的的價值？是用目前自己擁有的能力、才華估算，還是等著別人來品頭論足？

如果你中了頭彩，卻只會坐吃山空，不肯好好利用這筆財富，那麼你和一個不斷把錢撒在海底的人毫無區別，這筆錢對你一點價值也沒有！

很久以前，一家石油公司在奧克拉荷馬州的某塊土地發現了石油，這塊土地是屬於一個年老的印第安人，這老印第安人窮困了一輩子，卻因爲發現石油而一夜致富。

拿到錢後，他做的第一件事就是給自己買了一輛豪華的「凱迪拉克」。當時的轎車，在車後會配有兩個備用輪胎，但是這位印第安人想使它變得更長、更拉風，於是又給它加上了四個備用輪胎。

這輛怪異的豪華車子，每天都在路上行駛。老印第安人很喜歡到處去探望親友，當車子出現在街上的時候，他一定都會分心，而且瞻前顧後、左顧右盼，不停地和熟人打招呼。

有趣的是，他卻從來沒有出過意外，你猜是什麼原因呢？

你一定猜不到，原來他那輛氣派非凡的汽車前面，有兩匹馬拉著，因爲，他連鑰匙如何插進去啓動車子都不會。

看完這則眞實笑話，一定有人會笑，這個印地安老兄未免太笨了吧？

的確，他是笨了點，但許多人不也是犯著相同的錯誤？

例如，大多數人總是以外在的形勢來衡量自己，保守地評估自己所擁有的能力，而忽略了自己擁有無比的潛能，一旦認爲超過了自己的能力範圍，就開始找藉口說不行。

其實，心理學家一再強調說，一般人終其一生，只把自己具備的能力發揮到百分之二而已。

有位哲人說過這麼一句話：「當一塊錢和二十元同時被扔到海底時，它們的價值就毫無區別了。」

人生也是如此，只有認眞發掘自我，充分激發自己的潛能，你所擁有的價值才是眞實的。

開採你體內的「金礦」和「油田」，這些資源才是眞的取之不盡，用之不竭；

一旦你漠然置之或不去深鑿，天份自然會被埋沒，世間天才和蠢才的差別，其實就在這裡。

生活
雞精

一個人如果永遠沒發現蘊藏在他體內的無窮無盡的財富，那才是最大的不幸。

——齊格．齊格拉

一次選擇一種你最想做的事就好

德國哲學家兼文學家歌德曾勸告他的學生：「一個人不能騎兩匹馬，騎上這匹就要捨棄另一匹，聰明人會把分散的精力集中，找出自己最想要的，全神貫注把那它做好。」

有位哲人曾經這麼說：「一個人怎樣才能認識自己呢？絕對不是通過漫無止境的空想，而是通過全神貫注的實踐。專心致志做好你正在做的事，那麼你就會立刻知道自己的價值。」

想專心致志，似乎是件不容易的事，特別是年輕氣盛的時候。

其實不是不能，只是我們往往自恃甚高，想做的事情太多，於是把時間全花在「想」的動作上，然後囫圇吞棗東碰一下、西碰一下，沒有專心在一件事上，一旦成效未達預期，便開始怨天尤人。

有一個想在科學領域有所成就的年輕人，有一天，十分苦惱地對昆蟲學家法布爾說：「我不知道花了多少精神、力氣在我愛好的事業上，可是至今卻毫無成就。」

法布爾安慰讚許的說：「相信你是一個想獻身科學的有志青年。」

這位年輕人說：「是啊！我愛科學，不過也愛文學，而且對於音樂和美術，我也非常有興趣，爲了這些興趣，我把全部的時間都用上。」

法布爾聽後，皺了眉，從口袋裡拿出了個放大鏡說：「朋友，你必須像這個放大鏡一樣，把你的精神集中到一個焦點上，否則，你不可能會有任何的成就。」

任何成就非凡的學者、科學家，無一不是「聚焦」成功的最佳寫照。以法布爾爲例，就常常爲了觀察昆蟲的習性而廢寢忘食。

有一次，幾個婦人清早去摘採葡萄之時，看見法布爾俯趴在一塊石頭旁，聚

精會神觀察螞蟻，到了黃昏收工時，她們仍然看到他趴在那兒，於是她們狐疑地竊竊私語：「這個人爲什麼花了一整天的工夫看著一塊石頭，看來精神有問題！」

爲了觀察昆蟲的習性，法布爾不知花了多少個日夜，只爲了研究一隻小昆蟲的一個小動作。

正因爲有這些集中精力、廢寢忘食研究的科學家或醫學家，我們才能享受科技的成果，受惠於醫學的進步。他們往往花費大半生在研究一件事務上，專業知識不斷累積，才會有今日的世界進步。

德國哲學家兼文學家歌德曾勸告他的學生：「一個人不能騎兩匹馬，騎上這匹就要捨棄另一匹，聰明人會把分散的精力集中，找出自己最想要的，全神貫注把那它做好。」

找到你最想做的一件事，然後孜孜不倦地努力，只要你能把精力集中到一個焦點上，不管什麼事，你都將得到最大的收穫。

專心點吧，唯有將太陽光集中到一個焦點，才能點著張紙，成功的道理不也是一樣嗎？

生活
雞精

除非一個人的工作能夠帶給他內心的滿足，使他感到快樂，否則就不能算是真正的成功。

——姚樂絲．卡耐基

再等下去，你就要變成化石了

歌德說：「不要在夕陽西下的時候幻想什麼，而是要在朝陽初昇的時候立刻投入。」

今日事今日畢，聽起來很熟悉、很老掉牙吧！是啊，這不是從小父母、老師和長輩最喜歡耳提面命的一句話？問題是，包括說這句話的人，誰眞的嚴格要求自己徹底遵行了？

其實，生活就是這樣，許多我們聽得很耳煩的話，總是東一句西一句的被灌入耳朵裡，但是，只有當自己遇上問題的時候，這些煩人的小格言，才顯得格外有理，不是嗎？

有一位青年畫家把自己的作品拿給美國大畫家柯羅觀看，請他指導一二，柯羅細心地指正了一些要他改進的地方。

青年畫家感激地說：「謝謝，明天我會把它全部修改過。」

柯羅訝異地問：「明天？爲什麼要等到明天？您想明天才改嗎？要是你今晚就死了呢？」

你會覺得柯羅太烏鴉嘴了是吧？其實一點也不。

人生的許多悔恨都是源自於我們相信自己會擁有許許多多的明天，得過且過地將今天蒙混過去。

許多人都像這位青年畫家，老是告訴自己說：「好，從明天開始，我一定要……」

爲什麼非要等到明天才開始呢？

邱吉爾告誡我們：「要努力，請從今日開始」，不要再想著明天才做。

每個人都知道時間珍貴，然而，總是不知道珍惜，輕易地讓時間從自己手上溜走。

因爲，我們都習慣拖延怠惰，即使是重要的事情也要等著明天才開始做，甚至等著明天之後的明天，在缺乏決心和定力不夠的情況下，把寶貴的時間都浪費掉了。

別再拿「休息是爲了走更遠的路」當藉口，因爲，喜歡說這種話的人，通常一休息就忘了要再趕路。

如果你是那種告訴自己「今天好好休息，明天再認眞出發」的人，那麼，你將不止錯過今天，而且也會錯過明天。

你究竟要等多少個明天才肯動手？

歌德說：「不要在夕陽西下的時候幻想什麼，而是要在朝陽初昇的時候立刻投入。」

不要把事情在放在下一個時間，而要把生命的分分秒秒都抓住手裡；已經決定了就不必等到明天才動手，應該一鼓作氣地前進，那種積極的力量和創造奇蹟的可能性，將會是你所想像不到的。

生活雞精

把握住今天，現在就開始！每天都是一種新的生活，抓住它，因為今天已經走進了明天。

——鮑爾斯

如何才能把汗水化作成功的喜悅？

毅力，是行動的驅動器，也是達成目標的支撐力量。毅力也是成功的基礎，凡事堅持努力到底的人，生活才會充滿希望。

有一句名言說：「一次只要做好一件事，不然你將會一事無成。」

這是因爲，急著在太多的領域上獲得成就，我們難免會分心、力不從心，只有每一次選定好一個目標，紮紮實實地盡全力付出，你所流的每一滴汗水才可能會化作通往成功的喜悅。

當你確切知道追求的目標是什麼，就會朝著心中的藍圖一步一步構築自己的夢想，認眞紮實地累積自己的能力和實力，而且樂在其中，不會將過程的種種艱苦當作無窮無盡的折磨。

聖．里納多在一次給校友福韋爾．柏克斯頓爵士的信中，談到了他的學習方法，還說出了自己的成功秘方。

他說：「開始學法律時，對於所有的知識我都努力吸收，並且加以融會貫通，成爲自己的一部分。但是，在一件事還未充分了解清楚前，我是絕不會再學習另一件事。」

許多人在一天之內讀完的東西，他卻得花一星期才能讀完。兩者的差別在於，其他人只想把書本上的東西全都記下來應付考試，但是他卻努力將這些東西化作自己的一部分，因此，一年後，他依然記憶猶新，但其他人卻已經忘得一乾二淨。

聖．里納多的求知精神告訴我們：別再囫圇吞棗！

很多人以爲自己能夠表現多方面的才能，但是，因爲顧及的事項太多，沒能

盡全力，最後只能應付了事，反而讓自己更快洩了氣。

在每一種目標追求的過程，能作爲成功保證的，與其說是多樣的才能，不如說是有目標、有計劃的追求，唯有如此，我們才可能展現眞正的實力和眞正的才能。

毅力，是行動的驅動器，也是達成目標的支撐力量。毅力也是成功的基礎，凡事堅持努力到底的人，生活才會充滿希望。

你一定有很多願望和夢想，卻遲遲無法達成。

走到鏡子前面，仔細看著鏡裡的自己，你看到了什麼？

你看到的，是一張老是因爲半途而廢、垂頭喪氣的臉，還是越挫越勇、堅毅不撓的臉？

你的希望就寫在你的臉上，唯一能看得見的人也只有你自己，如果你不想再萎靡不振下去，就應該先把自己的願望排好先後順序，然後擬定計劃努力去實踐。

成功的確是條不好走的路，但只要你目標確立了，你就要堅持不懈，努力實踐自己的夢想。

總之，不管你想走什麼樣的路，就必須盡全力做。

生活雞精

樂觀的人，在每一次憂患中，都能看到一個機會，而悲觀的人，則在每個機會中，都看到某種憂患。

——凱斯特納

「敢做」比「會做」更重要

順應自己的判斷，加上努力實踐，從風險中獲得效益，這是成功者的必備特質，也就是我們常說的膽識過人。

有位哲人說，在這個世界上成就非凡的人，往往不是絕頂聰明的天才，而是資質平庸的凡人，這是因爲，人太過聰明，就不肯做傻事、花笨功夫，很容易知難而退。

在我們身邊有許多相當成功的人，他們之所以成功，不一定是他們比你「會」做，而是他們比你「敢」做。

華爾街股市大亨哈默，五十八歲的時候買下了西方石油公司，開始從事石油生意。

石油是最能賺大錢的行業，正因爲最能賺錢，所以競爭特別激烈。初次進入石油領域的哈默，想要建立自己的石油王國，無疑面臨著極大的競爭壓力。首先，他就碰到了油源的問題。

當時，石油產量佔美國總產量百分之三十八的德克薩斯州，已經被幾家大石油公司壟斷，哈默完全無法插手；而阿拉伯世界則是美國埃克森石油公司的天下，哈默更難以介入，那油源問題要如何解決？

哈默前後花了一千萬美元勘探毫無結果，決定再冒一次險。

哈默接受了一位地質學家的建議，在舊金山東邊郊區，一塊德士古石油公司放棄的地區著手，地質家認爲那裡蘊藏著豐富的天然氣，建議哈默的西方石油公司把它承租下來繼續探鑽。

於是，哈默千方百計從各地籌集了大筆資金，再次投入這一次冒險的行動。就在探鑽到八六〇英呎深的時候，終於鑽出了加利福尼亞州的第二大天然氣油田，總值估計在二億美元以上。

哈默的成功故事告訴我們，風險和利潤的大小是成正比的，越大的風險越能帶來巨大的收益。

不管做什麼事，都要有冒險犯難的精神，否則不戰而敗，就像運動員競賽時棄權，是一種極端怯懦的行爲。

「敢做」比「會做」更重要，一個成功的經營者，除了有堅強的毅力外，還要有就算會失敗也要嘗試的勇氣。

當然，冒險不是要你鋌而走險，敢冒風險的勇氣是建立在客觀的判斷基礎上。順應自己的判斷，加上努力實踐，從風險中獲得效益，這是成功者的必備特質，也就是我們常說的膽識過人。

想成功嗎?好好培養你的勇氣和決斷力，但千萬別逞匹夫之勇，先充實你的視野和知識，有了過人的膽識來協助，自然能攻無不克，戰無不勝。

生活雞精

太陽每一天沈沒，人類每一分鐘死亡，我們不應當被命運嚇住，而要超過一切障礙前進，在人生的比賽中獲得勝利。

——狄更斯

想改變世界，先改變自己

如果你想成為一個勝利者，無論從事什麼職業，都必須靠自己努力取得成就，自己盡力發揮才能來實現。

也許，你有很多事情想做，卻一味依賴別人，看到別人做得不好，就會指出缺失，力求別人改善，殊不知最大的問題反而在自己身上。

每一個人都自成一個世界，在努力改變別人的世界之前，不妨先審視自己的天空，是否少了許多美麗雲彩。

想指責別人之前，先嚴格反省自己，或許，改變了自己之後，外面的世界也變得清新。

有個四處佈道的牧師臨終前，對他的妻子說：「年輕的時候，我決心要改造這個世界，到過各個地方，向人們講述如何生活和應該做什麼的道理，但是，都沒有發揮什麼作用，沒人仔細聽我說什麼。於是，我決定先改變我的家人，但是使我灰心的是，似乎家裡的人對我的話也不曾理會，他們也沒有發生任何我所期望的變化。」

牧師停頓了一下，嘆息：「到了生命的最後幾年，我才認識到，我真正能夠影響的人，其實就有我自己。如果一個人想改變這個世界，首先應該從改變自己開始。」

就像這位牧師所說的，一個人唯一能夠改變的，往往只有自己。無論你的志向是什麼，通向成功的道路只能靠你自己一步步向前走，事實上，這是一趟孤獨

的旅行，縱使前進的道路上有不少朋友、家人或同事相伴，也絕對沒有人能替你前進。

如果你想成爲一個勝利者，無論從事什麼職業，都必須靠自己努力取得成就，自己盡力發揮才能來實現。

這是你自己的職責，當然，這不是意味著你一定要與外界隔離，而是要確立自己的人生方向，並選擇你要成爲的模樣，唯有這樣，你才眞正具備夢想成功的潛力。

生活雞精

在戰場上，一個人有時會戰勝一千個人，但是，只有戰勝自己的人，才是偉大的勝利者。

——尼赫魯

抱怨別人之前，先秤秤自己有幾兩重

不管時代怎麼變化，景氣多麼差，只要是有實力、肯努力付出的人，都會受到重視，也一定能被發現，獲得重用。

坦桑尼亞有句諺語說：「絆倒總是向前，不會向後。」

其實，在所有成功路上將你絆倒的「折磨」，背後都隱藏著激勵你奮發向上的動機。想要成功的人，就必須懂得如何將別人對自己的折磨，轉化成一種克服挫折的磨練……

有一個自恃甚高的年輕人非常不滿自己的工作，常常氣憤地說：「我的上司一點也不把我放在眼裡，有一天，我一定會對他拍桌子，痛罵他一頓，然後辭職不幹。」

一個朋友聽了，便問他：「你在公司那麼久了，對公司的經營策略完全弄清楚了嗎？還有，對於業務上的處理技巧，你學會多少？」

他搖了搖，不解地望著這位朋友。

這位朋友對他說：「君子報仇十年不晚，你不妨先把公司的業務狀況和經營手法完全弄清楚再說，到時候再決定是否要辭職不幹。」

朋友看他一臉迷惑，解釋道：「你冷靜想想，在這個公司裡你有多少可以免費學習的地方，當你把所有東西都學會了，再一走了之，那樣不僅可以報復、出氣，最重要的是，自己又擁有許多收穫。」

總算他把建議聽懂了，也聽了進去，從此努力在公司學習，甚至下班之後還留在辦公室繼續研究。

一年後，朋友偶然在路上遇到他，便問他近況：「你現在大概都把東西學上手了，是不是準備拍桌子不幹了？」

這個年輕人聽了，尷尬地笑著說：「嗯，暫時不會吧！這半年來，老闆似乎對我刮目相看，不斷加薪升職，還讓我負責重要案子，重要的是，我今天才又升職。」

朋友笑著說：「現在，你知道當初老闆不重視你的原因了吧？都還沒有開始努力，能力又不夠，難怪老闆不把你放在眼裡，你看現在他不是對你刮目相看了嗎？」

作家毛姆曾經寫道：「一經別人打擊，就喪志失意，甚至放棄努力的人，永遠是個失敗者。」

被人瞧不起的時候，千萬不要對未來感到悲觀和沮喪，反而要更加努力，把眼前的際遇當成是希望來臨之前的曙光。

在這個實力決定競爭力的時代，抱怨別人不重視自己之前，先問自己有多少能力，有沒有盡了全力，有沒有認眞學習，是不是能力不夠。

牢騷每個人都很會發，所謂的懷才不遇，往往只是眼高手低的人自憐自艾的囈語，應該在反省自己之後，覺得問心無愧，你才能開始抱怨，或用力拍桌丟辭職信。

不管時代怎麼變化，景氣多麼差，只要是有實力、肯努力付出的人，都會受到重視，也一定能被發現，獲得重用。

你有滿肚子怨氣想發嗎？

先反省自己一下究竟擁有多少才能，又付出了多少，是不是該進修提高自己的能力了。

生活雞精

命運並不存在於一個小時的決定中，而是建築在長時間的努力、考驗和沒沒無聞的工作基礎上。

——羅曼羅蘭

03

讓平凡的自己
變得不平凡

要從每一件小事中發現機會，
不漠視自己的平凡，
也不小看生活周遭的平凡，
如此一來，
再平凡的事也能變得不平凡。

你為什麼還在迷迷糊糊過日子？

很多人迷迷糊糊過日子，不知道為什麼而生活，盲目地追求一時之間讓自己感興趣的新奇事物，最後才感慨自己蹉跎了不少歲月。

人生的道路上有許多岔道和歧路，走到人生的十字路口，現實的生活往往逼著我們做出選擇，不容我們徘徊遲疑，這便是人生嚴峻之處。

人生的目標一經擇定，就必須盡心盡力去達成，如此才不會在紛雜的人生中迷失方向。

古往今來，有成就的人會努力找出自己鍾情的事務，把時間用在這個目標上，專心致志，力求突破，這就是他們的成功秘訣。

著名的博物學家拉馬克，一七四四年八月一日生於法國畢加底，是十一個兄弟姐妹中年紀最小的一個，深受父母寵愛。

拉馬克的父親希望他長大後能當牧師，便送他到神學院讀書，後來普法戰爭爆發，拉馬克被徵召入伍，派往前線對抗普魯士軍隊，不久因爲生病而提前退伍。

退伍後，他沒有當上牧師，卻迷上了氣象學，想當個氣象學家，於是整天抬頭看著變化萬千的天空。

後來，拉馬克在銀行裡找到了工作，又想當個金融家了；但是，不久後他又愛上了音樂，整天拉小提琴，想成爲一個音樂家。

這時，大哥勸他不如當個醫生，拉馬克於是又聽了哥哥的話，學醫四年，可是他對醫學卻沒有多大興趣。

有一天，二十四歲的拉馬克在植物園散步時，碰巧遇上了法國著名的思想家盧梭。盧梭很喜歡拉馬克，常帶他到自己的研究室裡去。在那裡，這位一直「三心兩意」的青年深深地被科學迷住了。

從此，拉馬克花了整整十一年的時間，有系統地研究了植物學，寫了名著《法國植物誌》。後來，他當上了法國植物標本館的管理員，又花了十五年時間，研究植物學。

拉馬克到了五十歲的時候，開始研究動物學。此後，他爲動物學努力了三十五年的時間。

整理一下，拉馬克從二十四歲起，用二十六年的時間研究植物學，用三十五年的時間研究動物學，眞正成爲一位著名的博物學家，而他也是最早提出生物進化論的學者。

拉馬克很幸運，在人生道路上繞了好幾圈，還能找到自己最想做的事。但是，不是每個人都能這麼幸運，很多人迷迷糊糊過日子，不知道爲什麼而生活，盲目地追求一時之間讓自己感興趣的新奇事物，最後才感慨自己蹉跎了不少歲月。

如果你覺得自己日子過得渾渾噩噩，不妨捫心自問：「現在這樣是我想要的嗎？」

因爲外在環境的影響，因爲內在的徬徨迷惘，從小我們習慣「三心兩意」，不斷在人生競技場上轉換跑道，到最後才發現自己一事無成。

從今天起，給自己一個獨自決定的機會，然後下定決心去做，因爲，人只有挑一樣自己最想做的事，然後堅定意志努力去做，才有機會在自己醉心的領域成爲人人欣羨的翹楚。

生活雞精

躊躇不前意味著讓別人控制你的生活，解決辦法是選定自己的道路，相信自己一定能達成；一旦意識到這點，就有了行動的基礎。

——威廉·詹姆斯

讓平凡的自己變得不平凡

要從每一件小事中發現機會，不漠視自己的平凡，也不小看生活周遭的平凡，如此一來，再平凡的事也能變得不平凡。

古羅馬思想家塞涅卡曾經寫道：「要是你懂得感謝人生所擁有的一切，那麼生命才會有意義。」

越是平凡之中越藏著不平凡，每一件看似平凡的小事，都會是你成功的累積，所以，別輕視生活裡的每一個小事，有一天你會發現，原來看似平凡的生活，原來有著這麼多的不平凡。

十八世紀瑞典化學家塞勒，在化學領域有著相當傑出的貢獻，可是瑞典國王卻毫不知情。

在一次歐洲旅行的途中，瑞典國王這才知道自己的國家居然有這麼一位優秀的科學家，於是決定授予塞勒一枚勳章。

可是，負責頒發獎的官員孤陋寡聞，又抱持著敷衍了事的心態，竟然沒有找到那位陸歐知名的塞勒，而草率地把勳章發給了一個與他同名同姓的人。

當時，塞勒在瑞典一個小鎮當藥劑師，知道國王頒發一枚勳章給自己，也知道發錯了人，但是他只付諸一笑，完全不當一回事，仍埋頭於化學研究中。

塞勒在業餘時用極其簡陋的自製設施，不僅發現了氧，還陸續發現了氯、氨、氯化氫及幾十種新元素和化合物。

後來，他更從酒石中提取酒石酸，並根據實驗寫成兩篇論文，送到斯德哥爾摩科學院。豈知，科學院竟然以「格式不合」為由，拒絕承認他的論文。

但是，塞勒並不灰心，在他獲得大量研究成果以後，根據這些實驗寫成了書與讀者見面，終於在三十二歲那年當選爲瑞典科學院院士。

如果我們也有塞勒這樣埋頭苦幹、鍥而不捨的精神，願意在平凡中追求偉大，那麼成功就離我們不遠了。

整個社會中，除了一些特殊的人從事特定工作外，一般人都很平凡，但不管怎麼平凡，只要肯努力，依然可以做出不平凡的成績。

那種大事做不了，又不肯爲小事付出心力的人，是最要不得的。其實，不管是個人，或是公司、企業，成功都正是源自平凡工作的積累。

公司需要的是能夠在平凡中求成長的人，能夠認眞對待每一件事，把平凡的工作做得很好，才是能夠發揮實力的人。

不要小看任何一項工作，沒有人可以一步登天，當你認眞對待每一件事，你會發現自己的人生越來越寬廣，成功的機遇也越來越多。

平不平凡並不重要，重要的是，你是否能從中找到成功的道路，是否知道要從每一件小事中發現機會。

不漠視自己的平凡，也不小看生活周遭的平凡，如此一來，再平凡的事也能變得不平凡。

生活雞精

我只有在工作得很久而還不停歇的時候，才覺得自己的精神輕快，也才覺得自己找到了活著的理由。

——契訶夫

捉準時機，為自己創造奇蹟

生活的意義在於創造，敢冒最大的風險去創新的人，在事業上才能取得最大的功成名就，實現人生的最大價值。

創新，是件極具風險的事，但是不管是在哪一個領域，想要出類拔萃，就必須花費心思不斷創新，只要勇於嘗試，創新肯定比保守固執、停滯不前還要有未來。

就商業領域而言，也許你看得見市場需求，也許你看得見流行趨勢，但是，與其看得見，不如當個引領市場走向的舵手。只要用心，靈活運用你的腦袋，發揮創意，在看見需要和走向時，勇敢跨出去，任何時間都會是你最佳的開拓時機。

一八六六年開始有了汽車，而爲了適應發展的需要，滿足客戶的要求，英國勞埃德保險公司在一九〇九年率先承接了汽車的保險。

當時，還沒有「汽車保險」這個名詞，勞埃德公司於是將這一保險項目暫時歸類爲爲「在陸地航行的船」。

後來，勞埃德公司還首創了太空技術領域保險。一九八四年，美國太空總署發射的兩顆通訊衛星，因爲失去控制而脫離軌道，按照保險合約，勞埃德公司必須理賠一．八億美元。

眼看要賠償一筆巨款，勞埃德公司絞盡腦汁後，終於想出一個方法，出資五百五十萬美元委託美國「發現號」太空船的太空人，在一九八四年十一月中旬回收那兩顆通訊衛星。

經過一番整修後，這兩顆衛星在一九八五年八月再次被送入太空。如此一來，勞埃德不僅少賠了七千萬美元，還向它的投資者說明，從長遠眼光萊，看「衛星保險」仍然有利可圖。

目前，勞埃德保險公司已成爲世界保險行業中名氣最大、信譽最佳、資金最雄厚、歷史最優久、賺錢最多的保險公司，每年承擔的保險金額高達二千多億美元，保險收入約六十億美元。

「敢冒最大的風險，去賺最多的錢」是勞埃德公司的宗旨，他們最引以爲豪的就是開拓創新的精神，敏捷地認識並接受新的事物。

不敢適時冒險的人，就像未曾在刺骨寒風中成長的梅花，無法讓自己的生命綻放美麗的花朵。

一個人如果想讓自己出人頭地，就不能老是抱怨爲何自己遭遇那麼多挫折，而要以開拓的精神，勇敢跨越這些失敗挫折。

你既羨慕又嫉妒別人名利雙收嗎？

你可知道他們走了多少辛苦路，冒了多少風險才保有目前的地位；如果你不知創新，一味等著別人來幫助你，一味跟著別人的腳步，那你永遠只有羨慕別人的份而已。

生活的意義在於創造，敢冒最大的風險去創新的人，在事業上才能取得最大的功成名就，實現人生的最大價值。

生活雞精

我不願擁有一個塞滿東西的頭腦，而情願擁有一個思想開闊、勇於創新的頭腦。

——蒙田

要讓自己過得更幸福

英國首相邱吉爾曾說：「一個人絕對不可能在遇到危險的威脅時，背過身去試圖逃避。若是這樣做，只會使危險加倍，但是，如果立刻毫不退縮地面對它，危險就會減半。」

人的一生過得是否快樂與幸福，往往取決於能不能把折磨當成磨練，勇敢走向自己選擇的道路。

對於想要改變自我的人，美國食品連鎖業的傳奇人物黛比．菲爾茨鼓勵說：「記住，無論如何都要勇敢跨出第一步，當你走過第一個最困難的冒險，再一次要面對風險就更容易多了。」

黛比．菲爾茨出生在一個有很多兄弟姐妹的大家庭，從小她就非常渴望得到父母親的讚揚和鼓勵，但是由於孩子實在太多了，父母忙著養家活口，根本就照顧不到她的需求。

這樣的成長經歷，使得她長大後依然缺乏自信心，後來她嫁給一個事業非常成功的高級管理員，但美滿的婚姻並沒有改變她的自卑心理。

當參加社交活動時，她總是顯得害羞、笨拙，唯一使她感到自信的地方是在廚房裡烹飪的時候。她非常渴望成功，但是，想鼓起勇氣從家務中走出去，又害怕遭到親友恥笑。

但人總是會變的，她仔細想了想，要不就停止成功的夢想，要不就鼓起勇氣走出去。

她決定進入烹飪業，於是鼓起勇氣對父母親和丈夫說：「因爲你們總是稱讚我的烹飪手藝，所以我決定要自己開一間食品店。」

他們聽了，驚訝地叫道：「喔，黛比，這，這不可行啦，要是失敗了怎麼辦？這事很難的，別胡思亂想了。」

他們一直這樣勸阻黛比，但是，她不願意再倒退回去，不願再像以前那樣猶豫不決。

她下定決心要開一家食品店，丈夫雖然始終反對，但是最後仍然給了她開食品店的資金。

豈知，食品店開張的那一天，竟然沒有一個顧客光臨，她幾乎要被冷酷的現實擊垮。

第一次冒險就讓自己身陷其中，黛比心中有著必敗無疑的恐懼，甚至相信親友們是對的，冒這麼大的險是一個錯誤。

只是，冒了第一個很大的風險以後，面對下一個風險就顯得容易多了，所以，她決定繼續走下去。

黛比一反平時膽怯羞澀的窘態，端著一盤剛熱好的食品上街，請每一個過往的人品嚐。

結果，所有嚐過的人都讚不絕口，說味道非常好，這讓她開始有了信心，許多人也開始接受了黛比的食品。

現在，「黛比．菲爾茨」的名字在全美連鎖商店裡赫赫有名，她的公司「菲爾茨太太原味食品公司」則是最成功的食品連鎖企業，她完全脫胎換骨，成為一個渾身散發著自信的女人！

日常生活中，我們最常犯的錯誤就是，就是拿別人的評價來增添自己的困擾，消耗寶貴的時間和精力，久而久之，不但活在苦惱之中，也使得自己變得越來越缺乏自信。

每一個人都自成一個世界，想要擺脫蒼白灰暗的世界，不妨先審視自己，是否少為頭上的天空增添幾道美麗的雲彩？

想獲得非凡的成功，想享受愉快的人生，首先必須保持健全的心理狀態，用積極樂觀的心境面對生活週遭的折磨。

英國首相邱吉爾曾說：「一個人絕對不可能在遇到危險的威脅時，背過身去試圖逃避。若是這樣做，只會使危險加倍，但是，如果立刻毫不退縮地面對它，危險就會減半。」

絕對不要逃避任何事物；面對風險，當你信心不足時，不必擔心，放大膽些，及時邁出決定性的第一步後，只要妥當運用自己的智慧，接下來的難題都可以迎任而解。

生活雞精

生活需要巨大的勇氣，怯懦的人只是存在，並非生活。他們活在虛妄中，不僅害怕真實的事，也害怕虛假的事。

——奧修

勇敢嘗試，就是跨出成功的第一步

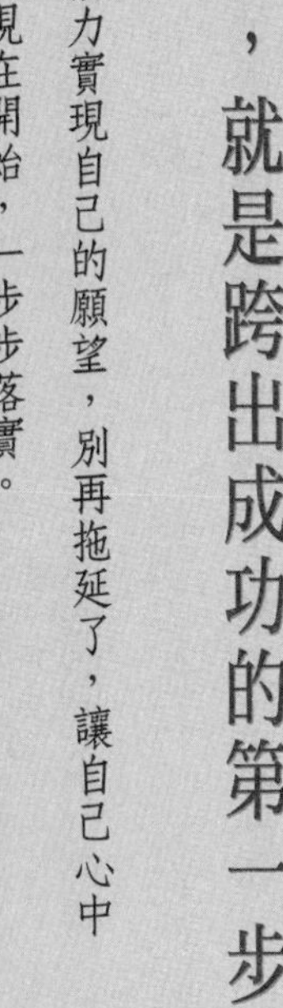

我們都有能力實現自己的願望，別再拖延了，讓自己心中的希望就從現在開始，一步步落實。

每個人都生活在希望之中，一旦舊的希望實現了，或者破滅了，就應該讓新希望的烈焰熊熊燃起。

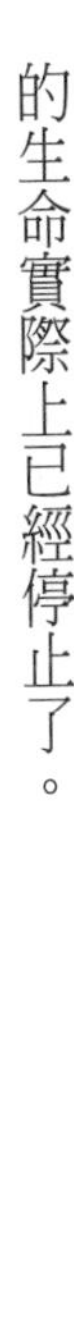

如果一個人只是得過且過地一天蒙混過一天，心中沒有任何希望，那麼，他的生命實際上已經停止了。

美國歷史上著名的探險家約．戈達德十五歲的時候，還只是洛杉磯郊區一個沒見過世面的孩子，但是，他充滿著夢想，把自己一輩子想做的大事列了一個表，命名為「一生的志願」。

他在志願表上列著：「到尼羅河、亞馬遜河和剛果河探險；登上珠穆朗瑪峰、奇力馬札羅山和麥特荷恩山；要騎大象、駱駝、鴕鳥和野馬……」每一個項目還都編了號，一共有一百二十七個目標要實現。

戈達德把夢想認眞的寫在紙上後，開始抓住每一分每一秒，決心要讓目標一一實現。

十六歲那年，戈達德終於和父親到了喬治亞州的奧克費諾基大沼澤和佛羅里達州的埃弗格萊茲探險，完成了志願表上的第一個項目。

二十歲時，他已經到加勒比海、愛琴海和紅海裡潛過水了，這年他還成為一名空軍駕駛員，在歐洲的天空有了三十三次的戰鬥飛行經驗。

二十一歲時，他已經到過了二十一個國家旅行；就在他剛滿二十二歲時，他來到了馬拉的叢林深處，還發現一座古代馬雅文化的神廟。

同年，他成爲「洛杉磯探險家俱樂部」有史以來最年輕的成員，接下來他籌劃著實現自己最重要的目標，那就是探索尼羅河。終於，戈達德在二十六歲那年，和另外兩名探險夥伴，來到布隆迪山脈的尼羅河之源。

緊接著，戈達德積極地完成他志願表上的目標：他乘筏漂流了整個科羅拉多河，造訪長達二千七百英哩的剛果河，在南美的荒原、婆羅洲和新幾內亞與食人族一起生活，爬上了阿拉拉特峰和奇力馬札羅山，也寫成了一本書《乘皮艇下尼羅河》……等等，他計劃中的目標一件件的實現了！

年近六十歲的戈達德，依然顯得年輕，他不僅是一個經歷無數次探險的傳奇人物，還成了電影製片人、作者和演說家。

戈達德在實現自己目標中，有過十八次死裡逃生的經歷。他說：「這些經歷讓我學會了更加地珍惜生活，而且凡是我能做的我都想嘗試。我相信，每個人都有自己的目標和夢想，但並不是每個人都會努力去實現。」

戈達德的故事告訴我們：勇敢嘗試，就是跨出成功的第一步。

你沒有太多時間猶豫徬徨，檢查一下你的生活，問問自己：「假如我只能再活一年，那我準備做些什麼？」

我們都有能力實現自己的願望，別再拖延了，讓自己心中的希望就從現在開始，一步步落實。

生活雞精

理想是很抽象的東西，看似無法捉摸，但是，只要鬥志昂揚，成功的機會便會大增，反之，則必敗無疑。

——萊辛

心態會決定你的成敗

法國文豪大仲馬說：「一個人活在世上，應該有與命運較量的勇氣，要有創造一番事業的雄心。」

如果你被生活的重擔壓得喘不過氣，不喜歡現在這種缺乏信心的窩囊情況，不妨換個角度，先改變改變自己，再找回你的信心。

人生有時候就像棒球比賽，每個人都可以是球場上優秀的投手，球就在你手上，想丟出什麼速度和變化，操之在你，只要你信心重建了，三振敵手肯定游刃有餘。

在一九七六年舉行的大聯盟棒球賽中，球迷都對聖．安東尼奧隊充滿信心，認爲他們一定能贏得世界冠軍，因爲他們擁有許多出色的打擊手。

但是，事情卻出乎意料，聖．安東尼奧隊場場敗北，在上半季比賽中連輸了十八場。於是，投手責怪捕手，捕手埋怨內野手，內野手又責怪外野手，結果大家互相埋怨，整個隊陷入一片混亂。

聖．安東尼奧隊的經紀人歐瑞利，清楚知道這個隊伍所具有的實力，發現他們屢屢戰敗的原因是由於心態不正確，充滿悲觀、消極的想法，於是歐瑞利開始尋找治這種「心病」的良方。

那時，在達拉斯有一個叫斯洛特的知名牧師，當地信徒盛傳他有特異功能，可以治好很多疾病，於是歐瑞利突然想了一個計劃。

在某次比賽還有一個小時就要開始前，歐瑞利採取了行動。

他興奮地衝進了球員休息室，對球員們說：「夥計們，我想出了解決問題的

辦法，你們不必再擔心了，把你們最好的兩根球棒給我，我會在比賽開始之前趕回來，今天的比賽我們一定能贏。」

他從每個隊員那裡拿走了兩根球棒，然後匆匆離開。

在距離比賽開始還有五分鐘的時候，他興奮地回來了，高聲說：「夥伴們，問題已經解決了，大家不用擔心。我已經請斯洛特先生為我們的球棒祈禱了，他說，我們只要走進打擊區，用力揮棒就能擊中球心，今天的比賽我們一定能贏，最後的冠軍也一定屬於我們。」

結果，當天聖．安東尼奧隊的成績是二十二分，擊出三十七支安打，其中還包括十一支全壘打。他們不但贏了那場比賽，最後也以輝煌的戰果贏得世界冠軍獎盃。

事實上，歐瑞利什麼事也沒做，只是開著車到外頭閒逛，但他的說詞和逼真的演技讓那些隊員的態度起了很大作用。

法國文豪大仲馬說：「一個人活在世上，應該有與命運較量的勇氣，要有創造一番事業的雄心。」千萬別在邁向成功的道路上自暴自棄，一旦你有了這個念頭，連神仙都救不了你。

「心病要用心藥醫」，想激勵自己，想重建信心，這帖方子更是非常適用，態度決定一個人的成敗，你都過不了自己這關，還能過得了哪個關口？

生活雞精

在這個世界上獲得成功的人，是那些奮力尋找他們想要機會的人；如果找不到機會，他們就自己創造。

——蕭伯納

人生，隨時都可以重新開始

只要你肯把生命的電源找出來，不論你到了什麼樣的年齡，處於人生的哪個階段，潛能一發動，你的世界就會是多彩多姿的。

每個人體內都有尚未開發的潛能。

有的人四歲就會講多國語言，有的人到了八十歲還充滿活力地在亞馬遜河探險，說明了人的潛能是無窮無盡的。

一個人只要還能思考，還充滿著夢想，潛能都會等著你來發動。

人生隨時可以再開始，沒有時間、年齡限制，重要的是，你看不看得見自己的無限潛能。

林白在二十五歲時，成爲世界上第一個飛越大西洋到巴黎的人，約翰．保羅瓊斯則在二十二歲時就當上了海軍上校，拿破崙在二十三歲以前就已經是砲兵隊隊長，艾利．惠特尼二十八歲時成功地改造了軋棉機……

在世界上，有許多年紀輕輕就非常成功的實例，當然也不乏大器晚成、老年圓夢的楷模。

柯馬爾一直到七十歲時，才被世人公認爲鐵路大王，在他八十八歲高齡時，還是當時鐵路界最活躍的人。

哥倫布發現新大陸時也年逾五十，伏爾泰、牛頓、史賓塞，以及湯瑪士、傑佛遜……等人都在八十歲之後，才到達智慧的巔峰，伽利略則直到七十三歲時才發現月球每天、每月的盈虧。

開發潛能，對於中老年人來說，意義十分重大。

在美國，有兩位年屆七十歲的老太太，一位認爲到了這個年紀算是走到人生

的盡頭了，開始料理起自己的後事；另一位卻認爲，一個人能做什麼事不在於年齡的大小，而在心境。

於是，她在七十歲時開始學習登山，而且在往後的二十五年裡，一直冒險攀登高山，其中幾座還是世界有名的山峰。

最後，她還以九十五歲的高齡登上了日本的富士山，打破攀登此山的最高年齡紀錄。

赫胥黎提醒我們：「人生不是受環境支配，而是受思想擺佈。」

確實如此，思想的力量是很驚人的，我們對事物的感受與反應方式，不僅僅左右著我們的行爲，更主宰著我們命運。

消極悲觀的生活態度最容易磨損一個人的心志，不但讓人動輒產生負面情緒，更會使人喪失勇氣和信心，最後淪爲生活的奴隸。

在紛紛擾擾的時代，與其整天抱怨生活不如己意，何不如試著換個角度，讓自己的生活變得更快意？

相信自己，只要保持年輕的心境，不管在任何時空下，每個人都能激發出無窮無盡的力量。

只要你肯把生命的電源找出來，不論你到了什麼樣的年齡，處於人生的哪個階段，潛能一發動，你的世界就會是多彩多姿的。

生活雞精

世界之所以有前進的動力，靠的是人不安於現狀；至於滿足的人，總是侷囿於框框之內。

——霍桑

下定決心去做偉大的事情

有遠大的目標，才能激發出令人難以置信的能力，改寫一個人的命運。目標會導引你的一切想法，而你的想法會決定你的人生走向。

法國總統戴高樂曾經這麼說：「眼睛所看得到的地方，就是你會到達的地方；只有偉大的人才能成就偉大的事，他們之所以偉大，是因為決心要做偉大的事。」

一個人如果沒有遠大的目標，一定只會注意到眼前的瑣事。一個僅僅注意到瑣事的人，永遠也到達不了遠大的目標。

重量級拳王吉姆．柯伯特有一回在做跑步運動時，看見一個人在河邊釣魚，收穫頗豐。

奇怪的是，柯伯特卻發現那個人一釣到大魚，就把牠放回河中，只有釣到小魚才裝進魚簍裡。這種情況讓人好奇，於是他就走過去問那個釣魚的人爲什麼要那樣做。

豈知，這位釣客竟然回答：「老兄，你以爲我喜歡這麼做嗎？我也是不得已的，因爲我只有一個小煎鍋，那麼大的魚沒法子煎啊！」

這則軼事會讓你覺得好笑吧！

可是，很多時候我們都在做著同樣的事情，譬如，我們有一番雄心壯志，卻習慣告訴自己：「算了吧，我想的未免太龐大了，我只有一個小鍋，煮不了那麼大的魚。」

甚至還會進一步找藉口，讓自己退後好幾步：「如果這眞是個好主意，我想別人一定早就想過了，反正我的胃口也沒有那麼大，還是挑一些容易的事做就好，可別把自己累壞了。」

一個人要是沒有明確的奮鬥目標，就像一艘無人掌控的幽靈船一樣，永遠也不知道自己究竟要航向何方。

無法找出正確的航路，那就只能在茫茫大海中漂流打轉，即使轉變的契機就在眼前，也會視而不見。

有一位曾經多次獲得跳遠金牌的國際知名運動選手說：「跳遠的時候，眼睛要看著遠處，你才會跳得夠遠。」

有遠大的目標，才能激發出令人難以置信的能力，改寫一個人的命運。想把看不見的夢想變成看得見的目標，首要做的事便是設定自己的目標，這是一切成功的基礎。

目標會導引你的一切想法，而你的想法會決定你的人生走向。

但是，設定目標有一個原則，就是它要有足夠的難度，乍看之下不易達成，可是對你有著足夠的吸引力，讓你肯全心全力完成。

只要我們有了這個心動的目標，再加上一定要實現的信念，那麼成功便是指日可待的事。

生活雞精

明確知道自己在追求什麼，達到目標的決定因素是什麼，這對每人來說都是寶貴的法則。它會幫助你克服一切艱難、困苦和挫折，並獲得成功。

——彼得·利斯

逆境中是你發現智慧的好時機

在人生求勝的過程裡，只有失敗過的人，才知道解決的方法，也唯有經歷過挫折的人，才懂得越挫越勇的美妙。

生命中的逆境處處可見，我們唯一能做的，就是充滿信心面對。

正如戴爾．卡耐基所說的：「當命運交給我們一個檸檬的時候，試著去做一杯檸檬水。」聰明的人知道，在每個挫折之中，都會有生命的啓發；擁抱失意，才能將智慧之門開啓。

美國當代畫家路西歐．方達，早期在創作油畫時，遇到一個大挫折，心中也留下一個烙痕，之後他的創作過程一直很不順心。

有一天，他站在畫布前，呆呆望著畫布許久，因爲他完全不知道自己究竟要如何下筆。突然，他丟下畫筆，拿起一把刀子，把畫布用力割破。

就在畫布「嘶」地一聲破裂剎那間，路西歐腦海也閃過一個念頭：「把畫布割破，算不算也是一種創作呢？」

於是，他把所有畫布找出來，一一割破，而這一割，居然讓他開創出一個新的藝術視野。後來，他還舉辦了一場別開生面的展覽會，從此路西歐便成爲當代最具代表性的藝術家之一。

他就像「被蘋果打中的牛頓」，因爲被失敗的蘋果擊中，他們才會有驚人的頓悟與成就。

在人生求勝的過程裡，只有失敗過的人，才知道解決的方法，也唯有經歷過挫折的人，才懂得越挫越勇的美妙。

歌德說過，當人們越靠近目標的時候，困難也會越來越多。當我們能夠通過每一個逆境，能夠搬開每一顆絆腳石時，便朝著目標更進一步。所以，有挫折不必抱怨，反而是一帆風順的人得小心衡量，萬一危險突然出現時，自己是否有應變解決的能力。

每個人經歷挫折的時間不會相同，而剎那間醒悟的感動，卻是每個人都相同；這個「一剎那」，只有親身經歷過的人才會明瞭。

生活雞精

我們應該在自己的心裡激起美好的理想，這種理想將成為我們的指路明燈，成為召喚我們前進的火光。——法國文學家福樓拜

不要爲了小事消耗生命

請重視你的時間價值，仔細衡量得失，
你就會發現，
原來自己失去的不只是那幾分鐘而已。

黑暗，只是走向光明的驛站

心理學家威廉．詹姆斯：「奮發向上的努力付出，是取得傑出成就所必須付出的代價。任何一個成功都必然與好逸惡勞和懶惰無緣，唯有辛勤的雙手和大腦才能使人富裕。」

充滿理想的人，能在逆境之中看到希望，在黑暗之中看到光芒，因爲逆境對他而言只是一種磨練，黑暗也是走向光明的驛站。

腳踏實地，一步步累積，只要有著遠大目標，再辛苦也願意堅持，那麼，功成名就就不再是腦海裡的期許，而是你可以預見的未來。

英國著名的激勵大師科布登是一位農民的兒子，年紀很小就被送往倫敦，在一家公司的倉庫當童工。

科布登是個勤奮、規矩的孩子，工作之餘非常喜歡追求知識。他的主人卻認為讀書對他的工作毫無助益，警告他別讀太多的書，然而，科布登不聽，還是喜歡把從書本中獲得的知識仔細熟讀。

不久，他獲得了提升，從一個倉庫管理員升任為推銷員，繼而建立起大量的人脈關係，奠定他往後經商的基礎。

事業有成之後，科布登對於公共事務頗感興趣，尤其對教育情有獨鍾，後來，便把財富和畢生精力都奉獻在激勵人心上。

他憑著毅力與恆心，和堅持不懈的努力實踐，終於成為最具說服力和震撼力的心靈演說家，就連一向不苟言笑、鮮少讚揚別人的羅伯特．皮爾爵士也對科布登的演講予以高度肯定。

許多激勵大師都推崇說，科布登無疑是那些出身貧寒，卻能充分發揮自己的價值和才能，並躋身上流世界、受人尊敬的最完美例子。

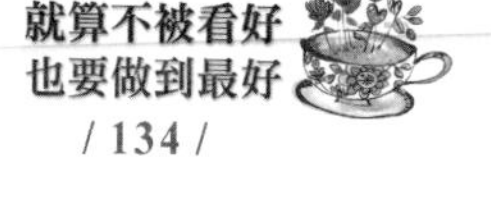

美國心理學家威廉．詹姆斯指出：「奮發向上的努力付出，是取得傑出成就所必須付出的代價。任何一個成功都必然與好逸惡勞和懶惰無緣，唯有辛勤的雙手和大腦才能使人富裕。」

即使一個人出生在富貴家庭，身處社會上層，想要獲得穩固的社會聲望，也要靠不斷努力才能成功。

因爲，無形的知識和智慧無法承傳，再多的金錢也買不到智慧和自我修養的成果。想要獲得成功，就少說廢話，多流汗水，除了辛勤踏實、努力實踐，眞的沒有其他秘訣了。

生活雞精

苦難對於天才是一塊墊腳石，對能幹的人是一筆財富，對於軟弱無能的人則是一個萬丈深淵。

——巴爾札克

不要讓錯誤的心態對你造成傷害

從工作中找出意義，並身體力行，因為，在累積經驗之後，你自然而然就會看見屬於自己的一片天空。

現在的你是爲了工作而工作，還是爲了金錢而工作？不管你抱持著什麼心態，最重要的一點是，應該明瞭哪一種心情讓你工作之時最開心。

法國思想家盧梭曾說：「任何一種心態，只要你能控制它，它就會對你有益；如果你讓它左右自己，它就會對你造成傷害。」

一個人如果只想從工作中獲得薪水，而在其他方面一無所得，那無疑是件可憐的事。

一九三〇年，老牌演員派特．歐布萊恩還只是一個藉藉無名的小演員，在紐約參加一齣名叫〈向上．向上〉的話劇演出。

其中一幕是質詢某件事情的場景：一開始，歐布萊恩與兩個怒氣沖沖的人爭執不休，他們一個是透過電話和歐布萊恩吵嘴，一個則是在他桌子旁邊和他大聲爭吵。

這齣戲演出後，各方的反應相當冷淡，後來為了讓演出能進行下去，劇團移到一個小劇院去演出，還削減了薪水，前景暗淡了許多。

每晚，歐布萊恩都為了扮演同樣的角色惱火，到了後來竟決定敷衍了事，認為自己何苦為這沒有前途的事情賣力呢？

這麼想的時候，突然《聖經》裡的一句話，竄進了歐布萊恩的腦海：「無論做什麼事，都要盡力而為。」

這句話像是天籟神音直貫耳膜，從此之後歐布萊恩演出時都全心投入，不再有任何怠惰的念頭。

幾個月後，歐布萊恩突然接到了自稱代表霍華德．休斯的人和他連絡說：「休斯先生打算把〈扉頁〉拍成電影，想邀請你參加。」

後來，這部電影的導演路易斯．米爾頓把這件事的始末告訴了歐布萊恩。原來，路易斯和他的一夥朋友到紐約訪問時，買到了幾張轟動一時的戲劇門票，可最後還是缺了一張，於是路易斯放棄，便穿過馬路來看對面劇院裡演出的〈向上．向上〉。

「有一場戲的確打動了我，」路易斯對歐布萊恩說：「就是你和別人爭吵的那一幕。」

於是，他推薦歐布萊恩在〈扉頁〉裡相似的一場戲中扮演了一個角色，這是歐布萊恩的電影生涯的開始。

只有含淚播種耕耘的人，最後才能歡喜收割。成功只會在不斷行動中產生，想要出人頭地，除了設定目標努力再努力之外，眞的沒有其他捷徑。

不要抱怨環境，只要你確實下定了決心，也紮紮實實盡心盡力，那麼就不必再患得患失，成功自然會適時降臨。

心理學家羅克威爾教授做過一項調查報告，他讓一百個人塡寫了調查表，內容是願不願意做挖洞、塡洞的工作，每天八小時，一周五天，做到六十歲退休，工資是一百萬英鎊，結果有一百個人塡寫：「願意」。

後來，他把一百萬英鎊改爲五十萬英鎊，結果有五十人改變了態度；當工資降到五萬英鎊時，只有一個人維持原來的答案。

羅克威爾教授問他爲什麼，他回答說：「這工作很有意義。」

這就是爲工作而工作的人，知道自己爲什麼而工作，從枯燥乏味的勞動中，發現工作裡的意涵。

有人喜歡把工作意義放在薪水上，這是相當普遍的心理；不過也有很多人是放在工作本身，特別是那些成功的人。他們把從工作上獲得的滿足和經歷，視爲

最重要的資產，即使工作再辛苦，他們也願意去做，因爲他們知道那些是他們想做的事。

從工作中找出意義，並身體力行，就算可能會徒勞無功，也要盡力而爲。因爲，在累積經驗之後，你自然而然就會看見屬於自己的一片天空。

生活雞精

把痛苦視為生活中最大禍害的人，不可能變得勇敢；把歡樂視為生活中最高追求的人，不可能學會自我節制。

——西塞羅

讓工作變成一種享受

要達到投入的境界，還真的不是件容易的事，因為，大多數人做起事來，總是一副心不甘、情不願的的神情。

我們不難發現，成功的藝術家，往往具有追求完美的毅力，忘我而沉醉在追求的事物上的熱忱。

成功者的秘訣也是如此，他們會讓自己完全沉浸在工作裡，享受工作，不會分心多想。

著名的藝術大師羅丹的工作室，是有一個有著大窗戶的簡樸屋子，裡面有已完成的雕像，也有許多未完成的小塑樣，它們不是只有一支胳膊、一隻手，就是只有一個手指或指節。屋子裡全是他已經動工而擱著的雕像，草圖散在桌子，這裡全是他一生不斷地追求與工作的地方。

羅丹只要穿上了粗布工作衫，就好像變成了一個人。

有一次，他陪一位作家參觀他的工作室，在一個台架前停下，對訪客說：「這是我的近作。」說著把濕布揭開，現出一座女人的塑像。

這位作家心想，這個塑像應該是已經完成的作品了，但是，羅丹卻退後一步，仔細看著。在審視片刻之後，羅丹說了一句：「這肩膀上的線條還是太粗，對不起，我修改一下……」

只見他拿起刮刀、木刀輕輕滑過軟和的黏土，塑像肩上的肌肉竟有了更柔美的光澤。他的手再次忙碌起來，眼睛充滿了光芒。

他修改了一會兒，走了回去，把架子轉了過來，含糊地吐著奇異的喉音，時而眼睛發亮，時而雙眉苦緊皺。過了一會，他捏好一小塊的黏土，黏在塑像身上，又刮開一些。

就這樣過了半點鐘、一點鐘……他沒有再和訪客說過一句話，非常專注在他的工作中，完全到了忘我的境界。

最後，一個嘆息聲響起，羅丹放下刀片，像一個情人一般把披肩披到塑像的肩上，然後帶著關懷把濕布蒙在塑像身上。終於，羅丹轉身過來。

他看見了訪客，呆了一下，這才記起屋裡還有一個訪客，顯然對自己的失禮感到驚慌：「對不起，先生，我完全把你忘了，可是你知道……」

這位作家不禁伸手握著他的手，感動地緊握著。

這位作家事後形容說：「眞的，沒有什麼能比得上親眼看到一個人如此渾然忘我地投入精神，全然忘記時間、環境的神態那樣令我感動。我很慶幸自己能看見羅丹如此專注投入工作。」

爲了完成一件事而集中全力、意志貫注的神態往往相當動人。

要達到如此投入的境界，還眞的不是件容易的事，因爲，大多數人做起事來，總是一副心不甘、情不願的的神情。

仔細想想，你曾這樣「渾然忘我」地工作過嗎？

如果不曾如此，是你不夠專心投入，還是你根本沒有心或沒有興趣？先把問題找出來，確認你的希望和興趣所在，那麼，所謂忘我的境界，以及享受工作的樂趣，同樣會發生在你的身上！

生活雞精

我願意在死亡之前徹底耗盡我的全部量，因為我越是勤奮工作，我的生活就越有意義。我為生活本身感到歡欣鼓舞。

——蕭伯納

「敬業」是成功的最佳保障

不管是處事態度還是工作態度，有條不紊和細心認真都是必備的要素，也是成功者的最佳護身符。

許多成功的企業家只要一有新的合作伙伴，第一件溝通的事，就是先審視對方的工作態度。

因爲態度決定一切，特別是一個人的工作態度；有了正確的工作態度，才會有優秀的工作成績。

別以爲你的偷懶和投機別人看不出來，很多時候別人只是冷眼旁觀而已。當你的工作績效不彰時，不要急著推諉責任、檢討別人，應該先反省自己的敬業精

神，是不是已經讓人失去信心。

洛克菲勒是舉世聞名的美國石油大亨，他的老搭檔克拉克曾經這樣形容他：「他眞的是一絲不苟、細心認眞到了極點，如果有一分錢該歸我們，他立刻就會拿來給我們；如果少給了客戶一分錢，他也會即刻請客戶來拿走。」

洛克菲勒對數字有著極強的敏銳度，常常在管理帳目時仔細計算，深怕金錢從指縫中悄悄溜走。譬如，他曾經給西部一家煉油廠的經理寫一封信，嚴厲地質問他：「爲什麼你們提煉一加侖油要花一分八釐二毫，而其他的煉油廠卻只需九釐一毫？」

類似這樣的信函，據說洛克菲勒一生當中寫過上千封，他就是這樣精確到一毫一釐都計算得出來。

正由於他能細心分析公司的生產、經營情況和弊端所在，所以才能有效地經營著他的石油帝國。

洛克菲勒如此嚴謹認眞的作風，是在年輕時養成的，十六歲的時候開始，他是在一家商行作帳簿記錄。

他曾經回憶說：「十六歲開始，我的工作就是記錄收入支出的帳目，這樣的記帳的工作，是清楚知道自己如何用掉金錢的唯一方法，也是事先計劃如何有效用錢的最佳途徑。不這樣做，許多錢會莫名其妙地從指縫中溜走。」

不要覺得馬馬虎虎無所謂，你的態度將決定你往後的工作和生活內容。要是凡事隨隨便便，你非但不可能在目前的工作上有更高成就，在不景氣的時代也會率先遭到淘汰。

相對的，只要嚴謹地面對你的工作，保持專業敬業的態度，你就會發現自己得到更多敬重與倚重。

試著勉勵自己，改變自己的態度吧！

不管是處事態度還是工作態度，有條不紊和細心認眞都是必備的要素，也是

成功者的最佳護身符，敬業精神是許多企業所著重的求才指標，更是你獲得成功的可靠保障。

把屬於你的最佳工作態度表現出來，那麼別人才會樂於與你合作。

生活雞精

人生就像一本書，傻瓜們走馬看花似地隨手翻閱，只有聰明的人才會用心閱讀它，因為他知道這本書只能讀一次。

——尚．保羅

時間就是生命中最大的財富

法國文豪巴爾札克曾說：「從個人角度看，一個人擁有最大的財富就是自己的時間。」

你常常感到自己的時間不夠用嗎？

現在你先放下手上的事，拿一張紙出來，寫下今天你把每一分每一秒都用在哪些地方。

如果分秒都紮實生活著，恭禧你，你這一輩子將會擁有比別人更多的成功機會，相反的，如果你發現有太多浪費和閃失，對不起，那代表著時間正一點一滴地消蝕你的生命。

瑞士以社會福利制度健全著稱，嬰兒誕生後，醫院會立即透過電腦網絡爲他們編號，同時還會將嬰兒的姓名、性別、出生時間、家庭住址……等等資料輸入戶籍卡中。

由於瑞士的戶籍卡是統一的格式，因此，即使是剛剛出生的嬰兒也會與成年人一樣，有一個財產狀況的欄目。

有一個電腦駭客，十分羨慕瑞士的社會福利制度，就想把自己剛剛出生的嬰兒註冊爲瑞士籍。

於是，他透過國際網際網路侵入到瑞士的戶籍網絡，並在戶籍卡上逐一塡寫了相關資料。當他塡寫到財產這一欄之時，猶豫了一下，即隨便敲入了三・六萬法郎。

看到自己天衣無縫的傑作，這名駭客沾沾自喜，慶幸自己從此有了一個「瑞士寶貝」。

哪知不到幾個小時，駭客的入侵動作就露出了馬腳。發現這樁造假事件的人，並不是戶政單位管理員，而是一位家庭主婦。

她在爲自己的孩子塡寫戶籍卡時，不經意間發現前一位嬰兒在財產欄中塡寫了三．六萬法郎。她覺得十分奇怪，因爲幾乎所有的瑞士人在爲自己的寶貝塡寫財產時，寫的都是「時間」。

因爲他們認爲，對於一個孩子來說，尤其是一個剛出生的嬰兒，所擁有的財富只有是時間，不會有其他的東西。

這個電腦駭客萬萬沒有料到自己會是這個細節上露出馬腳，不過，與其說他是在塡寫時犯下錯誤，倒不如說他是失敗在價値觀念上。

瑞士人對財富的看法，確實有獨到之處，一個人來到這個世間，最大的財富會是什麼？

對於瑞士人來說，就是他的生命，一個用時間撰寫的生命。

法國文豪巴爾札克曾說：「從個人角度看，一個人擁有最大的財富就是自己的時間。」

人最大的財富，不在可碰觸的金錢上，也不在可看見的物質上，你最大的財富就在你身上，全看你如何用時間來編織自己的生命。

生活雞精

明天，明天，還是明天；每個人都在這樣安慰自己，殊不知這個明天就足以把他們送進墳墓。

——屠格涅夫

不要為了小事消耗生命

請重視你的時間價值，仔細衡量得失，你就會發現，原來自己失去的不只是那幾分鐘而已。

富蘭克林曾說：「你熱愛生命的話，別再浪費時間，因為時間是組成生命的材料。」

每個人在人世間只有生活一回的機會，必須活得清醒、活得亮麗，千萬不要爲了無謂的小事消耗時間。

只有懂得珍惜時間，我們有限的生命才能得到無限的延伸。

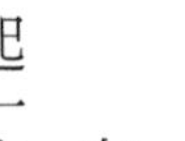

在富蘭克林報社前的書店裡，有個男人站在那裡猶豫了快一個小時，終於拿起一本書，開口問店員：「這本書賣多少錢？」

「一美元。」店員回答。

「一美元？」這人又問：「能不能算便宜一點？」

「先生，它的定價就是一美元。」店員客氣地回答。

這位顧客拿著書又翻了一下，然後問：「富蘭克林先生在嗎？」

「在，」店員回答：「他正在印刷室忙著。」

「那，我想見見他。」

這個人堅持一定要見富蘭克林，最後富蘭克林不耐煩地走了出來。

這男人問：「富蘭克林先生，這本書你能賣的最低價格是多少？」

「一美元二十五分。」富蘭克林不加思索地回答。

「一美元二十五分？可是，你的店員剛才還說一美元一本呢！」

「這倒沒錯，」富蘭克林沒好氣地說：「但是，我情願貼給你一美元，也不願意離開我的工作。」

這位一心想殺價的顧客瞪大了眼睛，心想算了，還是快結束這筆買賣，於是清了清喉嚨說：「好吧，那你說這本書最少要多少錢？」

「一美元五十分。」

「啥？怎麼又變一美元五十分？你剛剛不是說一美元二十五分嗎？」

「對。」富蘭克林冷冷地回答說：「不過，我現在能出的最低價錢就是一美元五十分。」

這人不敢多話，氣惱地把錢放在櫃台上，迅速拿著書走了。

其實，富蘭克林給這個愛貪小便宜的傢伙上了價值不菲的一課：「對於認眞工作的人，時間就是金錢。」

不要讓你的心智和雙手閒得發慌，任由時間一點一滴溜走，而要使生命散發

最耀眼的光芒。

不要把時間浪費在那些小事上面，也不要以為你只是偷懶了幾分鐘，也許就在那幾分鐘之內，你本來可以獲得的大好機會就這樣錯過了。

請重視你的時間價值，仔細衡量得失，你就會發現，原來自己失去的不只是那幾分鐘而已。

生活雞精

昔日不能再回來，明天也不一定有所保證；只有今天才是你的，稍微遲疑它就會逝去，一旦失去將不再回來。

——弗朗西斯．夸爾斯

最重要的事情擺在最重要的位置

想要有效利用時間，增進工作效率，就要把最重要的事情放在第一個位置，完成後不僅能讓自己的心情安穩，還能讓後面的計劃更有信心的進行。

在人生的各個階段，幾乎每個人都曾爲自己擬定計劃，把生活作息和人生規劃全列在紙上，強迫自己遵守。

只是，過不了多久，按照計劃行事的熱度就開始減退了，最後，計劃表就成了一張廢紙。人生缺乏規劃就會變得雜亂無章，工作毫無效率。

我們不妨看看效率專家艾維·利如何有效規劃，讓一家沒沒無聞的鋼鐵公司成功完成每一項計劃。

伯利恆鋼鐵公司總裁查理斯．舒瓦普，曾經請教找過效率專家艾維．利，如何才能增進公司的營運效率。

查理斯．舒瓦普對說艾維．利說，他需要的不是更多管理知識，而是創造更高的工作效率。

他說：「應該做什麼，其實我們很清楚，只是不知道要怎麼開始，如果你能告訴我們如何更有效率地執行計劃，我非常願意聽從你的建議，而且在合理範圍之內，價錢隨你定。」

艾維．利說，他可以在十分鐘內給舒瓦普一樣東西，這個東西能讓鋼鐵公司業績提高至少百分之五十。

他遞給舒瓦普一張空白紙，對他說：「請你在這張紙上寫下明天要做的六件最重要的事。」

過了一會，他又說：「現在，再把每件事情的重要性依序排列出來。」

舒瓦普完成這個動作大約花了五分鐘。艾維．利接著說：「請你把這張紙放進口袋，明天早上第一件事就是把紙條拿出來，開始進行第一項。不要看其他的，只看第一項就好，把它徹底做好，直至完成爲止。然後用同樣方法進行第二項、第三項……直到你下班爲止，如果你只做完一兩件事，那也不要緊，你應該這麼想，最重要的事情總算已經完成了。」

接著，艾維．利又說：「只要每天都要這樣做，你對這個方法的成效建立信心之後，你就可以請公司其他的人也這樣行動，這個試驗你愛做多久就做多久，至於支票的金額，你認爲値多少就給我多少。」

整個會談時間不到半個鐘頭就結束了。

幾個星期之後，舒瓦普寄給艾維．利一張高達二．五萬元的支票和一封感謝信，他在信上說，那是他一生中上過最有價値的一堂課。

五年之後，這家原本不爲人知的小鋼鐵廠，一躍成爲世界最大的獨立鋼鐵廠，艾維．利提出的方法自然功不可沒。

按照計劃行事眞的有那麼難嗎？

其實，只要懂得區分輕重緩急，一點都不難。

我們習慣了不按重要順序辦事，多數人還只挑選愉快或是方便的事做，但是不管怎麼逃避，事情到了最後仍然得面對。

想要有效利用時間，增進工作效率，就要學習艾維．利的方法，把最重要的事情放在第一步，按事情輕重緩急，循續漸進。

因爲，把最重要的事情放在第一個位置，完成後不僅能讓自己的心情安穩，還能讓後面的計劃更有信心的進行。

生活雞精

有人把零看作一無所有，有人把零看作虛無空洞，我則把零看成一個可以填滿的空間。

——海厄特

幸福，來自你生活抱持的態度

加拿大作家金克雷·伍德說：「幸福並非來自生命的過程，而是來自你對生活所抱持的態度。」

很多人做過智力測驗後，總是東躲西藏的看著自己成績，分數如何也往往只有自己知道，但這個測驗眞的有那麼重要嗎？

多少科學家小的時候都被認定爲低能，能力的養成是一輩子的事情，所謂的智力並不能決定你有多少能力，如果你早早就放棄自己，那麼被認定能力差是天經地義的事。

羅伯特．洛西斯教授曾在哈佛大學做了一個有趣的實驗，試驗者包括三組學生和三組白鼠。

他告訴第一組的學生說：「你們非常幸運，你們將訓練一組聰明的白鼠，這些白鼠之前已經過一連串智力訓練，都非常聰明。」

接著，他告訴第二組學生：「你們的白鼠只是一般的白鼠，不很聰明，但也不會太笨。牠們最終將走出迷宮，但是不能對牠們有過高的期望。因爲牠們僅有一般能力和智力，所以成績也將普普通通。」

最後，他告訴第三組的學生說：「你們分配到的這些白鼠確實很笨，就算牠們最後走到了迷宮的終點也屬偶然。牠們是名副其實的白癡，自然成績也會不太理想。」

後來，學生們在嚴格的控制條件下，進行了爲期六周的實驗，白老鼠的成績也和預期的一樣，第一組最好，第二組中等，第三組最差。

有趣的是，這三組白老鼠，實際上都是從一般白老鼠中隨機取樣，隨機分組的。三組白鼠在智力上並沒有顯著的差異，但最後爲何會產生如此不同的實驗結果呢？

羅伯特．洛西斯教授解讀說，很顯然的，這是由於三組學生被先入爲主的觀念影響，對三組白老鼠有了不同的態度，而導致不同的實驗結果。

也就是說，由於學生先有了不同的偏見，以不同的方式對待它們，正是由於不同的對待方式，導致了不同的結果。

現在請你想一想，你用什麼樣的態度決定著自己前途，用什麼樣的態度在工作，又認定自己是什麼樣的人？

加拿大作家金克雷．伍德說：「幸福並非來自生命的過程，而是來自你對生活所抱持的態度。」

認眞的想想，你對自己一向的態度是怎麼樣，最後你就會成爲自己認定的那

個模樣。

生活是由思想造成的，人必須以積極、樂觀的態度生活，一個人假使失去了憧憬未來的渴望，而一味活在自怨自艾的嗟嘆中，生命自然就會像是一堆無法再燃燒的灰燼。

生活雞精

一個人會發現，當他改變對事物和其他人的看法時，事物和其他人對他來說，就會發生微妙的改變。

——詹姆斯．艾倫

自卑是超越與成長的動力

沒有人可以否定你的存在，也沒有人能否定你的價值；多數被否定的人，在他們的心中，其實有很強烈的自我否定。

派克醫師說：「當我們能夠接受人生的困難時，將不再耿耿於懷，人生也會變得多彩多姿而不是多災多難。」

一個人之所以會走投無路，或是陷入絕境，很多時候都是他早已放棄自己，接著，別人才會放棄他。

有個男孩得了小兒痲痹，由於當地醫療太過落後；雖然康復了，男孩的腿也瘸了，從此他的人生走得比任何人都辛苦。需要被照顧的男孩，在人們憐憫、嘲笑或冷漠的眼光中，內心充滿矛盾與自卑。

這個當年不斷被身體殘缺所擊敗的男孩，名叫羅斯福。後來，他突破自卑，奮鬥不懈，反而成爲美國人民的精神指標。

心理學家阿德勒也如羅斯福一樣，童年的阿德勒在富足的環境中成長，但是他一直都鬱鬱寡歡，因爲他從小便是個駝子。

行動不便，還經常被人恥笑，使得阿德勒從小便與世界隔離。自我封閉的結果，令他不斷地拉開與別人之間的距離。

但是，即使長期生活在與衆不同的環境中，阿德勒與羅斯福一樣，都沒有因爲缺陷，而失去生命的價值，他們的成功反而更爲亮眼。

阿德勒在《自卑與超越》中寫下：「成功者離不開自卑，因為他們才能在自

卑的驅使下，走出自卑的陰影，努力為自己尋找更高更遠的理想目標，用以補償他們生命中的缺陷。」

就如羅斯福和阿德勒一樣，能從自卑、逆境中走出來的人，生命的活力特別亮眼驚人。

沒有人可以否定你的存在，也沒有人能否定你的價值；多數被否定的人，在他們的心中，其實有很強烈的自我否定。

相信自己，比期望別人的肯定來得重要；自己站起來，比倚賴別人的扶持更爲可靠。如果無法戰勝自卑，再多的外在肯定也沒用，我們仍然會囚在自設的牢籠中。

生活雞精

希望和耐心是每一個人的救命藥，災難臨頭時，它們是最可靠的依賴，最柔軟的椅墊。

——英國心理學家伯嶓

日子難過，更要認真地過

有位哲人曾說：「人生的棋局，只有到了死亡才算結束，只要生命還存在，就有挽回棋局的可能。」

激發生命潛能，開創美麗人生

生命是一種創造性的歷程，每個人都應該了解自己創造力的來源，激發自己的生命潛能，開創自己的美麗人生。

如果，你都看不見自己的能力了，又有誰能看得見？你都低估了自己的才能，還能期望誰重視你呢？

如果連自己都放棄了，那你身上的能力肯定要永遠消失。

心理學家在一所著名的大學中，選了一些運動員進行實驗。他們要求這群運

動員去嘗試一些別人無法做到的高難度動作，實驗開始前還幫他們做心理建設，誇獎他們是國內最好的運動員，鼓勵他們一定能做得到。

這群運動員被分成兩組，第一組雖然非常努力，卻仍然做不到，等第二組到了體育館後，心理學家告訴他們第一組失敗了。

不過這時候，心理學家說：「把這個藥丸吃下去，你們的能力就會和第一組不同，這藥丸會讓你們有超人的水準。」

沒想到第二組運動員，眞的輕易地完成了那些困難的動作。

事後，有運動員好奇地問：「那是什麼藥丸？」

研究人員笑了笑說：「其實，只不過是普通的維他命而已。」

爲什麼普通的維他命藥丸能夠讓第二組運動員完成高難度的運動？

因爲，他們相信自己能藉著藥丸的效力發揮最大的潛能！因此，只要你相信自己，就能完成每一件你要做的事。

一個擔心被拒絕的推銷員，就不會有勇氣打電話給新客戶；一個害怕失敗的運動員，同樣也無法竭盡全力在運動場上贏得金牌；只有眞正的高手總是能夠放下這些心理包袱，盡全力做到最好。

生命是一種創造性的歷程，每個人都應該了解自己創造力的來源，激發自己的生命潛能，開創自己的美麗人生。

生活雞精

如果你真的相信自己，並且深信自己能達到夢想，你就能夠步入人生的坦途。

——戴爾．卡耐基

拆掉心中那座獨木橋

不積極樂觀，心理就會陷入搭著一座危橋的狀態；無法克服心理恐懼，就算走在再堅固牢靠的橋樑，你也會從橋上跌下去。

所謂的信念，就是根據自我暗示，在潛識中被宣佈或反覆指點所產生的一種精神狀態。

你還在煩惱什麼?樂觀積極一些，讓生活佔滿前進的忙碌，專心致志、全力以赴地工作，記住，你就沒有時間心煩。

一位心理學家想知道，人的心理對行為到底有什麼樣的影響，於是他做了這樣一個實驗。

首先，他讓十個人穿過一間黑暗的房子，在他的引導下，這十個人都成功地穿了過去。

然後，心理學家打開房內的一盞燈，在昏黃的燈光下，他們清楚看見房子內的一切，不禁嚇出了一身冷汗。

這間房子的地面是一個大水池，水池裡有十幾條大鱷魚，他們剛才穿過的，正是一座搭在水池上的獨木橋。

隨即，心理學家問這些參加實驗的人：「現在，你們之中還有誰願意再次走過這間房子呢？」

這時屋內陷入一片靜默，沒有人出聲回答，過了一會，才有三個人大膽的站了出來。

其中一個小心翼翼地走了過去，速度比第一次慢了許多；另一個顫抖著腳步踏上獨木橋，可是走到一半時，竟然趴在獨木橋上用爬的過去；第三個才走幾步

就趴了下去，怎麼也不敢向前移動半步。

心理學家又打開房內的另外九盞燈，燈光把房間照得如同白晝一般明亮。這時，他們才看見獨木橋下，其實有著一張安全網，只是網線的顏色極淺，剛才根本沒有看見。

「現在，誰願意通過這座獨木橋呢？」心理學家問。

這次，有五個人站了出來。

「你們怎麼不過呢？」心理學家問剩下的兩個人。

兩個人異口同聲地問：「這張安全網牢固嗎？」

奧維德曾說：「沒有勇氣過好今天的人，明天會過得更糟。」

其實，那些成功人士之所以有非凡成就，關鍵並不在於他們先天擁有什麼能力，而在於他們都擁有面對問題的勇氣。

千萬要記住，只要有勇氣去面對，一切問題都會迎刃而解。

成功就像走過這座獨木橋，失敗的原因往往不是能力的問題，也不是潛力的薄弱，而是信心不足，還沒有上到戰場就敗陣下來。

不積極樂觀，心理就會陷入搭著一座危橋的狀態；無法克服心理恐懼，就算走在再堅固牢靠的橋樑，你也會從橋上跌下去。

生活雞精

我所得到的最好教訓，都是來自我的錯誤的失敗中；過去愚蠢的錯誤，便是將來的智慧與成功。

——艾德華茲

改變心情，坦然面對人生

法國文豪羅曼羅蘭在《約翰・克利斯朵夫》裡寫道：「痛苦這把犁刀一方面會割破你的心，一方面也會掘出了生命的新水源。」

《魯賓遜漂流記》作者笛福曾說：「我們今天所愛的，往往是我們明日所恨的；我們今天所追求的，通常是我們明日所逃避的；我們今天所願望的，往往是我們明天所害怕的，甚至是膽顫心驚的。」

的確，一個眞正懂得主宰自己生活的人，絕不會因爲一時的命運起伏而悲傷，反而會設法轉換自己的心境，努力活出生命的喜悅。

人在現實生活中遇到一時無法解決的困頓、挫折時，往往會受制於面子或自尊，強要自己咬緊牙關來承受這些困頓與挫折，可是結果卻常常造成身心都蒙受創傷。

其實，適時地放過自己，爲自己轉換個調養身心的環境，避開某些不必要繼續面對的挫折，才是眞正的生活之道。

一八一六年三月，風光明媚的春天正要降臨英格蘭，但是，著名的桂冠詩人拜倫的生命卻在這時進入了嚴冬。

首先是由於個性不合，使得二十九歲的拜倫與結婚剛滿一年三個月的妻子宣告分居了。

他雖然深愛著妻子，這樁婚姻也被文壇傳爲佳話，但是婚後，他與妻子兩人之間卻出現齟齬，而且爭吵卻越演越烈，不得不暫時分居來沉澱彼此的心境。分居之後，生性浪漫而又多愁善感的拜倫，飽受劇烈痛苦煎熬。心情的頹唐萎靡導致言行的放蕩不羈，使他招來許多批評與攻擊。

接踵而來的，他因爲在詩中譏諷資產階級的婚姻狀態，而遭到許多衛道人士群起圍剿；此外，由於他又寫了一首短詩讚美從厄爾馬島逃脫的拿破崙，而被有心人士貼上賣國賊的標籤。

這時的拜倫成了「全民公敵」，報紙和輿論對他齊聲譴責，他也經常在公開場合遭到侮辱謾罵，幾乎沒有朋友願意跟他說話，他的處境到了幾乎被整個英國社會唾棄的地步！

一八一六年四月底，受到重重打擊的拜倫選擇乘船前往義大利，黯然離開英國。然而，就在他幾乎要放棄自己的生命與創作的時候，他卻幸運地結識了另一個偉大的浪漫主義詩人雪萊。

經過雪萊不斷地鼓勵，拜倫開始振作，終於在一八一八年寫出了偉大的長篇諷刺史詩《唐璜》，成爲舉世聞名的大詩人。

法國文豪羅曼羅蘭在《約翰·克利斯朵夫》裡寫道：「痛苦這把犁刀一方面

會割破你的心，一方面也會掘出了生命的新水源。」

在人生遭遇挫折的時候，當然必須設法鼓舞勉勵自己，不過，在鼓舞勉勵完自己之後，應該靜下心來評估這些挫折會對自己造成何種程度的傷害，問問自己是不是可以承受和克服。

如果一時之間無法克服，不如選擇暫時迴避，因爲，勉強自己忍受過多而不必要的打擊，只會使自己產生喪失信心的反效果。

因此，在遇到無法解決的挫折時，設法轉換環境與改變心情，並不是缺乏勇氣的表現，而是開闢另一條通往成功道路的開始。

生活雞精

如果有夢出售，你願意買哪一種？有的夢值一聲輕喟，有的值一下喪鐘。

——詩人貝多斯

越真誠，越能獲得肯定

當我們認真的付出獲得肯定時，心中的成就感總是無法言喻，那分滿足而踏實的成就感，更是讓人繼續前進的動力。

美國西部歌手金．奧特雷剛出道的時候，一直想改掉德州的鄉音，於是穿得像都會紳士，自稱是紐約客，結果大家卻在背後嘲笑他。

後來，他覺悟了，開始彈五弦琴，唱自己最拿手的的西部歌曲，終於開創輝煌的演藝生涯，成爲世界知名的西部歌星。

不管做什麼事，只要情感眞誠，人們會更加肯定你的成功，即使曾經幫助你的人，也不願居功。

在一個著名的頒獎典禮上，所有巨星都齊聚一堂。

典禮開始，第一位得獎的女配角走到台上，台下的觀衆都被她的激動情緒感染，也莫名地高亢起來。

很快地，得獎人情緒平靜了下來，她說：「辛苦了好久，我曾經一度想放棄，但是怎麼也敵不過對表演的熱愛，如今我要說的是，我以身爲一名表演工作者而驕傲。」

這番話引來在場所有演員熱情的掌聲。

接著，是一位男演員上台領獎，這位已經六十歲的老牌演員，在某部電影中扮演一個很重要的角色。

大家認眞地看著這位資深演員，等著他說出得獎感言。

但是，他似乎太過緊張，竟不斷地重複著：「喔，我想……」

他拉著嗓門，卻怎麼也無法擠出一個人名來，忽然他毫不猶豫地說出：「猴

子爬得越高，牠的紅屁股就越顯眼……」

老演員自我解嘲的方式，獲得在場所有人士的掌聲，接著他又說：「現在我正把自己最糟糕的一面，赤裸裸地呈現，完全不能重拍。」

此刻的掌聲，更加熱烈地響起。

最後，獲得最佳女演員的是美國巨星茱莉亞．羅勃茲。當她優雅地走向領獎台前，每個人都認爲她已經習慣領獎的場面，應該會有一番很得體的感言。

但是，大家都猜錯了，沒想到她「語無倫次」的情況比任何一個人都要糟，即使她已經在無以計數的鏡頭前演出過，仍然緊張得不得了。

激動的手勢、跳躍的詞彙與不斷流下的淚水，每個人都看得動容，一時間掌聲響起，而且較之前更爲熱烈、持久。

老演員以自嘲的方式，表示辛苦的付出終獲今日的肯定；大嘴美女茱莉亞則

以無法言喻的激動情緒，表現辛苦的代價終獲肯定。

因爲，生命的歷練不同，每個人對於自己辛苦的付出，各有不同的檢視方式；不管是「自嘲」或「激動」，我們都能看見其中眞摯的情感，更看見他們生動而踏實的人生。

當我們認眞的付出獲得肯定時，心中的成就感總是無法言喻，那分滿足而踏實的成就感，更是讓人繼續前進的動力。

不投機取巧，我們的人生才會有眞正開花結果的一天，生命越踏實誠懇，我們獲得的機會與掌聲也會更多。

生活雞精

如果說生命的黎明是一座樂園，那麼努力耕耘的青春，就是你渴望到達的真正的天堂。

——英國詩人華茲華斯

人腦比電腦還重要

著名的投資理財專家E．葛瑞斯曾說：「現代人總是在比賽如何快速汰換過時的機器，卻從來不願意設法更新自己的腦袋。」

著名的醫生作家麥斯威爾在《生命的慧劍》裡曾經寫道：「感謝你遭遇的那些挫折！感謝那些折磨你的人！只要你願意用正面的態度面對，那代表你的生命即將出現轉折。」

千萬別因爲外在條件的欠缺，而否定自身的能力和向上發展的可能。

人最重要的，不是追求形式上的虛勞，而是擁有一顆解決困難的腦袋和腳踏實地的努力精神。

面對全球不景氣，每個人都想找一份穩定的工作，想到大公司任職的人更是擠破了頭。

網際網路剛興起之時，有一次，微軟公司刊登廣告徵求清潔工，失業了一年多的伊格爾也前去碰碰機會。

經過層層口試、面試，以及打掃等實際考核之後，伊格爾好不容易才從數千名應徵者當中脫穎而出。人事部門在告知他這項消息時，請他留下 e-mail 信箱，以便傳送錄取通知和其他相關文件。

累得滿頭大汗的伊格爾頓時顯得尷尬地說：「可是……我沒有個人電腦，也沒有 e-mail。」

這個時代竟然還有人沒有 e-mail？人事部門的人聽了相當驚訝，語帶歉意地告訴他：「對微軟來說，沒有 e-mail 的人，就等於是不存在的人，所以很抱歉，我們無法錄用你。」

在考核過程中努力打掃的伊格爾，雖然感到相當失望，但也只能無奈地走出微軟公司。這時，他的口袋裡只剩下十美元，眼看過完今天，明天就要斷糧了，必須趕快想辦法克服生活的窘境。

但是，伊格爾只是個勞工，教育程度不高，在現實環境逼迫下，他只好採取最原始的賺錢方法。他搭便車到了郊區，走進一戶農家，把身上僅有的十美元全部買了馬鈴薯，然後請好心的農場主人開車送他回到城裡，便開始在住家附近挨家挨戶兜售馬鈴薯。

兩天之後，辛苦的伊格爾終於賣光了所有的馬鈴薯，而且算一算，居然還賺了六十美元。

有了這次寶貴的成功經驗，伊格爾不禁信心大增，相信只要肯腳踏實地努力，就一定可以走出自己的道路。

於是，他更加認眞地繼續做著類似的生意，不但掙錢養活自己，而且也累積一筆資金。

努力會創造運氣，誠懇實在的作風使得伊格爾的生意越做越大，五年之後，他建立了龐大的「宅配服務公司」，不僅擁有數十部貨車，還聘請了幾十名員工，一起從事新鮮蔬果配送服務。

當然，這時候，爲了拓展業務和加強服務品質，他不但有e-mail，也架設了服務網站，以便收發來自各地的訂單和吸收最新資訊。

著名的投資理財專家E．葛瑞斯曾說：「現代人總是在比賽如何快速汰換過時的機器，卻從來不願意設法更新自己的腦袋。」

的確，很多人都誤以爲如果自己擁有了某些先進的工具，就代表著比別人更成功，能夠獲得更多的收入，因此汲汲於追求工具的更新，卻忽略了提昇自己的競爭力。

其實，這是本末倒置的錯誤想法。

因爲，工具本身不會思考，只會按照你的指令執行任務，最重要的作用只是在於協助自己增進工作效率，它無法使人變得更聰明，如果你一點都不想增進自

己的智慧的話。

就像故事中的伊格爾，如果當初他擁有e-mail的話，或許可以僥倖地獲得一份工作，但是，如果不設法自我提昇，恐怕到現在還會是微軟公司的清潔工，絕不可能開創出自己的一番事業。

生活雞精

蠢人的最大特徵是，他們常常相信，只要讓兩隻恐龍交配，同樣能夠生出一隻小羚羊。而且，這種蠢人在企業界特別多。

——管理學家湯姆·彼得斯

日子難過，更要認真地過

有位哲人曾說：「人生的棋局，只有到了死亡才算結束，只要生命還存在，就有挽回棋局的可能。」

景氣不好，日子難過，大部份人的生活都過得很辛苦！

但是，當你在埋怨苦日子折磨人的時候，不妨仔細想想在這些難過的日子當中，你認眞生活過幾天，爲自己爭取過多少機會？

別再把抱怨掛在嘴上，每個人生活都是由自己的思想創造的，你有權選擇日子難過，也大可選擇開心生活，如果你的生命韌性都還沒開始發揮，就任風雨吹折得直不起腰，你還能要求享有什麼樣的生活？

有一個女兒常常對父親抱怨自己遇上的事情總是那麼艱難，不知要如何應付生活，好像一個問題剛解決，新的問題就又出現了。

一天，父親把她帶到廚房，把水倒進三個鍋裡，然後用大火煮開，不久鍋裡的水燒開了。

他在第一鍋裡放進了胡蘿蔔，第二鍋裡放入雞蛋，最後一鍋則放入研磨成粉狀的咖啡豆。

他小心地將它們放進去用開水煮，但一句話也沒說。女兒見狀，一直碎碎唸著，很不耐煩地等著，不明白父親到底要做什麼。

大約二十分鐘後，父親把爐火關閉，把胡蘿蔔、雞蛋分別放在一個碗內，然後把咖啡舀到一個杯子裡。

做完這些後，他這才轉過身問女兒：「親愛的，妳看見什麼了？」

「胡蘿蔔、雞蛋和咖啡。」她回答。

他讓她靠近些，要她用手摸摸胡蘿蔔，她發現它們變軟了。接著，他又讓女兒拿著雞蛋並打破它，然後將殼剝掉後，她看到了煮熱的雞蛋。

最後，父親讓她喝口咖啡，品嚐到香濃的咖啡時，女兒終於笑了。

她怯聲問：「父親，這意味著什麼？」

父親回答說：「這三樣東西都是在煮沸的開水中煮過，但是它們的反應卻各不相同：胡蘿蔔入鍋之前是強壯結實的，但進入開水後，它就變得軟弱了；而雞蛋本來是易碎的，只有薄薄的外殼保護著，但是一經開水煮熟，它的內部卻變得堅硬；至於粉狀咖啡豆則很特別，進入沸水之後，徹底改變了水的特質。」

從這個故事中你體會到了什麼？

有位哲人曾說：「人生的棋局，只有到了死亡才算結束，只要生命還存在，就有挽回棋局的可能。」

在艱難和逆境面前，你可以學胡蘿蔔、雞蛋或是咖啡豆，你可以屈服，也可以使自己變得更堅強，甚至可以改變環境。

不要忘了，每個人的生命都是自己的作品，不管遭遇多少困難，面對的環境有多艱辛，只要你願意，隨時都可以揮灑手中的彩筆，使自己的生命更加繽紛亮麗。

生活雞精

每一種生活方式都有它的優點和缺點，時常抱怨生活中的缺陷的人，即使擁有最理想的環境，也是不會滿足的。

——姚樂絲．卡耐基

只要你有心實現，就一定會達成

如果你認定自己難以改變命運，讓消極的情緒佔了上風，就會走向的宿命。

林肯認爲：「一個人決定實現某種幸福，他就一定會得到這種幸福。」

人生路有遠有近，通往目標的道路也有許多條，迷失方向的時候，沿途有許多人可以讓你問路，告訴你怎麼走。不過，問得再詳細，想要到達目標仍然得靠你親自走一遭。

有一個寒冷的深夜，一個美國作家從阿拉巴馬州的伯明罕驅車前往密西西比的梅地安，因爲他必須在第二天早上趕到當地。

車子奔馳到了半途，由於原先計劃行走的路線正在整修，這位作家只好找服務站求助。

值班員熱心地告訴他一條最佳的替代路線，並爲他畫了張簡圖，信心滿滿地說，只要按著地圖走，保證能提前到達梅地安。

這位作家完全按服務站人員的指示前進，但走了一小時後卻發現越走越不對勁，下車詢問另一個加油站員工後才知道，自己正走在與梅地安相反的路上，顯然那位熱心的服務員給他指錯了方向。

類似的情況是不是也曾經在你身上發生？當一個人因爲遭挫折而灰心喪氣，或在家庭和事業上都很不順心時，往往會尋求別人指引明路，但是，必須小心提防有人指錯了路，讓你產生消極影響。

無論你身處何種境遇，路畢竟都是自己選擇的。

你可以偶爾讓別人爲你指點一下，但是，必須再用心靈羅盤校對、確認一下，才不會走入歧途。

你爲什麼不成功？你爲什麼覺得生活是無窮無盡的折磨？

你應該仔細思考這個問題，相信很多人都曾經思考過，但給自己的答案幾乎相同，不是「時運不濟」就是「能力有限」！

眞的是時運不濟嗎？還是，我們總習慣把失敗歸罪於別人，卻不肯自我反省？如果你認定自己難以改變命運，讓消極的情緒佔了上風，就會走向的宿命。是誰要求你選擇失敗的宿命？

也許有很多人不切實際的認爲，只要擁有足夠的資金，自己就可以做得和別人一樣好。

也許吧！但是，你是不是應該更積極地去爭取這些足夠的資金呢？

看看你身邊的成功例子，他們就是你的榜樣，相信他們的條件不會比你好，許多人甚至比你起步的條件更糟，但他們成功了，就是因爲他們有成功的願望，

追求成功的熱情比你強烈。

記住，只要你眞的努力過了，就會知道許多事情的成敗，原來只是在自己的一念之間。成功的基本條件是：你希望成功，並始終相信自己會成功，永遠都不停止努力！

生活雞精

成功者與失敗者之間的區別，常在於成功者能由錯誤中獲益，並以不同的方式再嘗試。

——愛默生

失敗，是怠惰的後果

大多數人失敗的原因，是連自己的能力在哪裡都不知道，而且往往低估了自己的價值。

曾經叱吒風雲的拿破崙曾說：「我們應當努力奮鬥，有所作為。這樣，我們就可以說，我們沒有虛度年華，並有可能在時間的沙灘上留下我們走過的足跡。」

人生中一切甜美的果實，都是從不斷的犧牲奮鬥中得的，種種困惱、折磨都可以砥礪我們的心志，種種危險、困難都可以鍛鍊我們的勇氣。

耐迪．考麥奈西是第一個在奧林匹克體操比賽中獲得滿分的運動員，他說：「我常對自己說：我一定能做得更好。要成爲奧林匹克的冠軍選手，你就得有不凡的地方，要比別人更吃得了苦。我不要過著普通而平庸的生活，所以給了自己確立的生活準則是：不要只想過簡單容易的生活，而是要追求做一個堅強有實力的人。」

無論在什麼領域，眞正的冠軍都明白，不論有多麼充分的藉口，任何失敗都是自己怠惰的後果。

「當一個人覺得不滿意、不舒服和受折磨的時候，他才會得到最好的磨練，」另一位金牌手彼特．維德瑪這樣說：「每天，我都會把準備在體育館裡完成的項目列出清單，不管要花多少時間，沒有把這些項目完成，我絕對不會離開。我每天的生活目標就是這樣，只要走出體育館，我都可以說今天已經盡力了。」

一個人抱持什麼心理，人生就會出現相對應的結局。想要有更高成就，千萬不能老是抱怨自己怎會遭遇那麼多競爭對手，應該抱持著積極正面的態度，把那些值得尊敬的對手當成挑戰的目標，效法他們，超越他們。

每個人的能力能發揮到多少分，誰也無法給你正確答案。

一個人的能力有多少，絕不只你習慣發揮的那些，而是你盡力發揮了多少就有多少。大多數人失敗的原因，是連自己的能力在哪裡都不知道，而且往往低估了自己的價值。

生活雞精

要有堅強的意志、卓越的能力，以及堅持要達到的恆心，此外都是細節。

——歌德

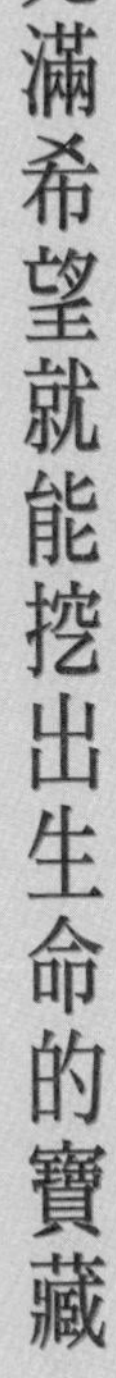

充滿希望就能挖出生命的寶藏

日本作家池田大作指出：「請隨時保持希望的人生，一旦失掉希望便會通向失敗之路。希望是人生的力量，只要在心裡抱著美夢的人，一定是幸福的。」

每年過生日的時候，在吹蠟燭前，你都許了什麼願望？過著幸福快樂的日子，還是有個成功的未來？不管你許了什麼願，都是你對往後日子的期許和希望。只要你知道自己想要的是什麼，知道心裡堅持的目標在哪裡，你就可以主宰自己的人生。

亞歷山大大帝建造了橫跨歐、亞、非的龐大帝國，促進了不同種族之間的文化融合，開闢了一個豐饒世界。

據說，他投入了全部青春活力，出發遠征波斯之際，曾將自己所有的財產分給了他的屬下。

征伐波斯的路途漫長，他必須耗費巨資買進各種軍需品和糧食等，但是他卻把所有珍愛的財物和土地，全都分配給了屬下。

有一個臣子問了亞歷山大大帝：「陛下要帶什麼啓程呢？」

亞歷山大回答說：「我只有一個財寶，那就是『希望』。」

這位臣子聽後，請求說：「那麼，請允許我們也來分享它吧！」

於是，他謝絕了亞歷山大大帝分配給他的財產，許多大臣見狀也紛紛仿效他的做法。

日本作家池田大作曾經勉勵世人：「請隨時保持希望的人生，一旦失掉了希

望便會通向失敗之路。希望是人生的力量，只要在心裡抱著美夢的人，一定是幸福的。」

自然萬物中，只有人類被賦予「抱擁希望生活」的特權。正因爲如此，我們更應該用自己的力量，面向未來的希望之光，創造自己的美麗人生。

一路辛苦的人生旅途，最重要的不是財產，也不是地位，而是存在我們心底的意念，也就是「希望」。

一個不計較得失，只爲了希望而生活的人，肯定會生出無比的勇氣，困難越多，他的生命越能發光。懷抱希望的人，信心強烈，任何失敗對他們而言，都是另一種獲得勝利的方程式。

生活雞精

生命本身是一張空白的畫布，無論你在上面怎麼畫；你可以將痛苦畫上去，也可以將完美的幸福畫上去。

——奧修

06

只要有決心，一定來得及

俄國文豪高爾基曾在《時鐘》一書中勉勵世人說：
「讓整個一生都在追求中度過吧，
如此一來，你在這一生裡，
必定會擁有許許多多美好的時光。」

制定短期目標，才能完成長期目標

美國激勵大師戴爾．卡耐基曾說：「一個目標達到之後，馬上立下另一個目標，這就是成功的人生模式。」

雨果曾說：「人生至高無上的幸福，莫過於確信自己還有希望。」

的確，當你面對生活中的困頓、逆境和絕望，如果還想改變，深信自己還有向上攀爬的希望，那麼，這些困頓、逆境和絕望便是一股動力。

有了動力，你還必須確立奮鬥的目標。

目標確立與否，對一個人能不能成功，扮演著十分重要的作用。

但是，一個偉大目標的達成，往往需要經過一段相當漫長的時間，不是一蹴可幾的。

因此，在通往長遠目標的過程中，如果能加以拆解，分別制定出一些短期目標，不但對於達成最後的目標有所幫助，也能使自己不至於因爲漫長時間的煎熬而逐漸留失了熱情。

某一年的夏天，有一個衣衫襤褸的年輕人，常常落寞地站在車水馬龍的紐約街頭，毫無目的地張望著眼前不斷流晃的景物。

然而，熙來攘往的人潮、車潮和繁華的街景，絲毫無法引起他的興致，因爲他由於和上司吵架被報社開除，到其他報社求職又四處碰壁，失業將近半年了，生活正陷入窘境。

不過，心性高傲的他不願屈就，打從心裡就抗拒從事那些卑微的工作來改善目前的處境。

這一天上午，這個年輕人又爲了逃避房東催繳房租的苛薄言語，漫無目標的在街上遊蕩。

就在中午時分，突然有一個衣冠楚楚的人叫住了他，他連忙轉頭一看，原來是自己當記者時認識的一位著名企業家。

年輕人感到相當驚訝，沒想到這個企業家竟然還記得自己。

企業家一眼就看出這個年輕人的生活近況不佳，於是邀請他一起步行到華爾街自己的公司聊聊。

在炎炎夏日的中午，步行到相隔六十個街口的華爾街，無疑是件相當吃力的事。這個年輕人聽了甚感驚訝，心中不禁懷疑這個有錢有勢的企業家爲什麼不搭計程車。

企業家看著他吃驚的表情，並不多加解釋，只是笑著對他說：「其實，我們只要經過五個街口，就可以走到六號街的遊藝場。」

這個年輕人聳聳肩聽從了企業家的建議，於是兩人很快就走到了六號街。企業家隨即又對年輕人說，這次要只要再經過十個街口，就可以到達某某地方，於是兩人又向前走去，一下子就又到了目的地。

就這樣，企業家帶著年輕人一段路一段路不停地走，不知不覺中竟然走過了六十個街口，抵達了華爾街。

這時，這個年輕人終於領悟了企業家的一番苦心，於是鼓起勇氣說：「我想到您的公司任職，希望您給我一次機會，我願意從最基層的職務做起，認眞學習每一項事務。」

十年之後，這個年輕人終於成了華爾街知名的企業家。

美國激勵大師戴爾．卡耐基曾說：「一個目標達到之後，馬上立下另一個目標，這就是成功的人生模式。」

不論多麼遙遠的距離，只要經過一段一段的劃分，也不過是一小段一小段路程的總和而已。

所謂「聚沙成塔，聚水成川」，不就說明了所有的成功都是由無數的小目標組成的嗎？

任何的成功人士都具備這種體認，所以他們才能一步一步的持續往前邁進，最終走到自己的目的地。

當你的生活陷入困頓，或是工作進行不順暢，內心充滿無力感的時候，不妨換個做法，暫時將你的大目標加以細分，如此一來你就會發現，想要達成自己的目標，其實並沒有想像中沒那麼困難。

生活雞精

跨出腳步之時，不要低著頭，只有那些牢牢盯著目標的人，才會找到自己的正確道路。

——哈瑪瑟爾德

活著，不是為了痛苦

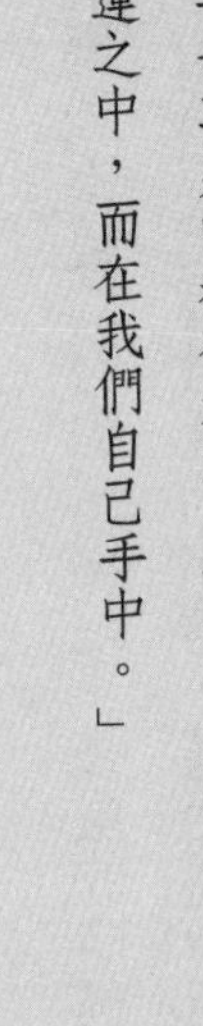

蘇聯作家杜金說：「一切要來的都在未來，一切已逝的都在過去。未來不在命運之中，而在我們自己手中。」

「天下無難事，只怕有心人」，這是連小學生都能朗朗上口的一句話，可是說歸說，眞正能把這句話奉爲圭臬加以貫徹的人卻不多。

也許你會認爲，這句老掉牙的成語根本不適用於現實社會；殊不知，能夠源遠流長的話語，正是以前成功者的智慧結晶和經驗法則，也是現代渴望成功的人最有用的座右銘。

尼加拉瓜有個殘障藝人名叫湯尼，他的奮鬥過程正是「天下無難事，只怕有心人」的最佳寫照。

湯尼一出生就沒有雙臂，醫師因此想辦法爲他裝了兩隻人工手臂。可是，在成長過程中，湯尼一直覺得裝假手臂很麻煩，而且使用並不方便，因此後來就捨棄不用了。

湯尼無可避免地經常遭受到其他人的異樣眼光，但是他生性樂觀，並不因此而自怨自艾，反而更加積極地想著：「我一定要向那些嘲笑我的人證明，我雖然欠缺兩隻手，但也可以活得像正常人一樣。別人用手能夠做的事，我用腳同樣可以做！」

經過漫長的自我訓練與堅毅不撓的努力，湯尼十幾歲的時候，終於學會了用雙腳彈奏吉他。最後，他不但可以用腳做任何事情，甚至還會用雙腳駕駛經過特別改造的汽車，到各地巡迴演出。

湯尼回憶說，他剛開始試著想用腳彈奏吉他的時候，遭到了許多人譏笑與諷

刺。不久之後，在一個熱心的朋友幫助下，他慢慢學會用右腳的腳趾夾著撥塊來撥弦，再用左腳的腳趾壓住琴弦。經過不斷的練習，湯尼的吉他彈得相當好，而且和其他同好組成了一支樂隊。

後來，湯尼和他的樂隊經常到各地的教堂和學校巡迴演出，他相當驕傲地說：「我要透過自己現身說法，讓年輕人知道，只要相信自己，天底下就沒有無法做到的事。」

蘇聯作家杜金說：「一切要來的都在未來，一切已逝的都在過去。未來不在命運之中，而在我們自己手中。」

湯尼的奮鬥過程，無疑充滿了激勵與啓示，告訴我們：儘管生活充滿折磨，但人活著並不是爲了爲了承受失望和痛苦，只要肯立定志向，肯相信自己，任何事情最後都可以完成。

許許多多殘障人士的成功典範，不但告訴我們決心與毅力是成功的不二法門，也說明了「相信自己」的重要。

遇到挫折時，不妨想想湯尼和其他努力超脫生命束縛的殘障人士，你就會發覺自己面前的挫折，原來是那麼的微不足道。

生活雞精

遭遇困難和痛苦的時候，切莫垂頭喪氣，就算你已經失去了一切，至少你還擁有現在與未來。

——卡繆《反抗的人》

何必聯合敵人攻擊自己？

艾汀登．格魯斯說：「充滿自信的人，總是會對自己和他所接觸的人群，產生磁鐵一樣的影響力。」

人的精神煎熬往往來自於缺乏自信心。

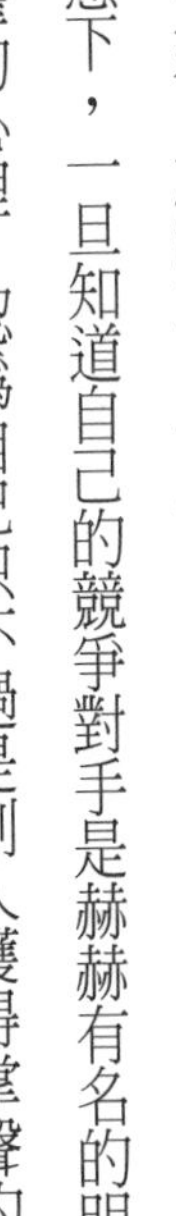

在缺乏自信的狀態下，一旦知道自己的競爭對手是赫赫有名的明星級人士時，更會無端產生緊張畏懼的心理，認爲自己只不過是別人獲得掌聲的陪襯，根本毫無勝算可言。

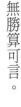

著名的巴西球王比利縱橫球場的精采表現，至今仍在許多足球迷腦海留下深刻印象，但是，他在回憶自己的足球生涯時卻透露，年輕時候的他雖然擁有不錯的球技，卻嚴重缺乏信心。

比利說，當他得知自己被巴西最有名氣的桑托斯足球隊選上，進入職業球壇的美夢成眞時，興奮之餘竟然焦慮得好幾個晚上無法成眠。

夜晚的時候，他總是躺在床上輾轉反側，胡思亂想著自己在球場上可能遭遇的挫敗情景：「我上場之後，那些著名的足球明星們一定會嘲弄我，故意找機會給我難堪，萬一全場的觀衆對我發出噓聲，我哪有臉回來見家人和朋友？」想著想著，他開始恐懼：「那些足球明星爲了要更加突顯自己，一定會使出絕妙的球技，把我當作戲弄的對象，我一定會被當成白癡，被他們耍得團團轉……」

懷著緊張恐懼的心情到桑托斯足球隊報到後，濃厚的自卑感依舊讓比利患得患失，陷入負面的想像無法自拔，認爲自己絕對無法和那些自己敬佩的足球明星同台較量。

經過幾次練習之後，比利才稍微寬心地以爲，像他這樣的新進球員，在正式

比賽中，肯定會坐冷板凳。誰知道球賽正式開始時，教練竟然將他排入先發球員名單，而且讓他踢主力中鋒。比利誇張地形容：「聽到這個消息，我嚇得差點全身癱瘓。」

比賽開始之後，比利仍舊緊張得全身不聽使喚，在接球、盤球和傳球時發生了幾次失誤。

但是過了幾分鐘，他開始習慣比賽節奏和場邊的吶喊聲，邁開雙腿飛速奔跑起來，漸漸發揮了自己的實力。在比賽快要結束時，他終於使出一記「倒掛金鉤」，為球隊攻下致勝的一分，滿場響起如雷的掌聲。

艾汀登．格魯斯說：「充滿自信的人，總是會對自己和他所接觸的人群，產生像磁鐵一樣神奇的影響力。」

就像比利一樣，大多數人之所以會產生緊張和自卑心理，癥結在於不相信自己的能力，不相信自己可以做得比別人好，滿腦子想著自己必定會遭遇失敗，失敗之後別人會如何幸災樂禍。這種負面心理正如同聯合敵人攻擊自己，怎麼能奢望僥倖獲得成功呢？

自卑的心理會壓抑一個人的天賦和自由自在的創造力，只有保持泰然自若的心態，相信自己，才能發揮超強的實力戰勝對手。

千萬要記住：如果你不輕視自己的話，那麼，就沒有人敢輕視你。

生活雞精

凡事必須要有勇氣和決斷，因為勝利並不是站在智慧的一方，而是站在自信的一方。

——拿破崙

多用心理力量鼓勵自己

法國哲學家沙特在《存在主義與人道主義》中說：「只有當人成為他所打算成為的東西之時，他才是真正存在著。」

據說，人終其一生所使用的大腦面積最多不會超過三分之二。這表示人類的內在蘊藏著無限的可能，可惜的是，人很容易忽略或不相信自己的能力，因此無緣去使用其餘的三分之一。

如果自己的內心老是貶低自己，總是想像著最壞的情形會發生在自己身上，而不願積極開發自己的潛能，那麼結果不但會跟你自己想像的一樣壞，甚至還可能更糟。

古時候，有個國王生性非常殘忍，每當要處決死刑犯時，總要絞盡腦汁想一些新的花招來滿足自己的嗜血癖好。

有一次，一個死刑犯即將被處死，這個國王又想出了一個殘酷的方法，並且故意透露行刑的方式是在死刑犯手臂上割一大道傷口，然後讓他全身的血液流盡而死。這個犯人聽到消息之後內心十分恐懼，可是，不管他如何聲淚俱下地苦苦哀求，國王還是不願改變行刑的方式。

第二天清晨，死刑犯胡亂吃完最後的早餐，便被帶到一個精心設計的房間。房間有一面牆上，牆上鑿了個小洞，剛好可以容納一條手臂穿過。

劊子手把死刑犯銬鎖在牆上，讓他的一隻手從小洞中穿過，然後走到牆的另一邊，用刀子在他的手臂上割了一刀，並且在下面放了一個瓦罐來盛裝血液。死刑犯聽到自己的血液「滴嗒」、「滴嗒」地滴到瓦罐中，開始覺得似乎全身的血都經由那條手臂流出，而且越來越快速地流失。

沒過多久，死刑犯的意志逐漸消失，最後終於無力地垂下手臂死了。此時，一直在一旁冷眼旁觀的國王，不禁發出既得意而又殘酷的笑聲……

國王爲何這麼得意地笑呢？

原來，這個犯人手上根本就沒有傷口，劊子手只不過用刀背假裝在他手上用力劃了一刀，然後在旁邊的桌子上放了一個水瓶，讓水瓶中的水發出「滴嗒」、「滴嗒」的聲音。

但是，這種強烈的心理暗示，卻讓犯人自己殺死了自己。

法國哲學家沙特在《存在主義與人道主義》中說：「只有當人成為他所打算成為的東西之時，他才是真正存在著。」

故事中的國王固然殘酷，但是，死刑犯之所以會死於非命，難道不是由於自己不斷在內心灌輸負面的想像嗎？

我們常常透過媒體報導，知道許許多多曾經遭遇困境但最後終於獲得成功的人士。這些人的共通特質都是「相信自己」；因爲相信自己做的到，所以不管經歷過多少次失敗打擊仍然毫不退縮，這正是心理力量的積極展現。

因此，只要善用自己的心理力量來鼓勵自己，那麼無論遇到任何困難，都無法打敗你。可千萬別像故事中的死刑犯，因爲恐懼而活活把自己嚇死。

生活雞精

人並不是生來要給人打敗的，你儘可以把他消滅，可是就是打不敗他。

——海明威《老人與海》

只要有決心，一定來得及

俄國文豪高爾基曾在《時鐘》一書中勉勵世人說：「讓整個一生都在追求中度過吧，如此一來，你在這一生裡，必定會擁有許許多多美好的時光。」

莎士比亞曾在《亨利四世》裡提醒我們：「即使生命隨著時鐘的指針飛馳，過了一個小時就要宣告結束，要卑賤地消磨這段時間也嫌太長。」

的確，只要你願意下定決心劍及履及，無論做什麼事都還來得及。

在今天這個迅速飛快的時代，我們常常覺得整天忙碌不堪，沒有時間來完成自己內心想要做的事，因而逼迫自己放棄種種念頭。

但是，世界上有很多人卻憑著決心和毅力，像衛爾佛列．柯亨一樣，每天騰出一個鐘頭來彌補自己的缺憾。

衛爾佛列．柯亨是世界知名的大製衣商。他從學徒開始做起，辛苦奮鬥了四十年後，建立了龐大的製衣王國，但是，他一直覺得自己的生命還有缺憾，因爲他有一個願望一直無法達成。

衛爾佛列．柯亨小時候的願望是當個畫家，不過，因爲家境貧窮無法走上畫家之路，事業有成之後又因爲商務繁忙，無暇培養這項興趣。爲此，他感到相當遺憾。

到了六十歲生日那天，他終於下定決心每天要花一個鐘頭學習繪畫，並且強制自己不管怎樣忙碌也要撥出時間來。

他每天清晨五點起床，一直繪畫到早餐時間爲止。

這樣從不間斷的努力，幾年之後，衛爾佛列．柯亨有了驚人的成績，繪畫作品獲得藝術評論家的好評。

他參加過不少次的畫展，得過幾個獎項，也舉辦過個人畫展，並且以高價賣出好幾幅作品。

後來，他更成立一個基金會，專門獎勵有志從事繪畫的窮苦青年。

假如你每天挪出一個小時從事自己最感興趣的事，那麼，一年就有三百六十五個小時是眞實屬於自己的。

當然，這不是一件容易的事，必須下定決心才行；訣竅就在於如何找到那一個鐘頭，然後再加以妥善運用。

年輕時遭受許多磨難的俄國大文豪高爾基，曾經在《時鐘》一書中勉勵世人說：「讓整個一生都在追求中度過吧，如此一來，你在這一生裡，必定會擁有許多多美好的時光。」

只要你每天抽出一小時去做自己想做、平常又沒時間做的事，最後一定會有所斬獲，縱使成就不多，至少有機會彌補自己的缺憾。

你不會比那些成功人士還忙，千萬不要再用抽不出時間來當藉口，讓你尚未完成的願望最後成爲一生的抱憾。

千萬要記住，只要有決心，一切還來得及。

生活雞精

一個崇高的目標，只要矢志不渝地追求，最後就會成為壯舉；在它純潔的目光裡，一切美德必將獲勝。——英國詩人華滋華斯

誠實是成功最重要的礎石

美國總統林肯曾經在演說時強調：「你可以在所有時候欺騙某些人，也能在某些時候欺騙所有人，但不能在所有的時候欺騙所有的人。」

誠實是成功最重要的礎石，不管做什麼事，倘使不誠實地對待別人和自己，一切都會淪爲夢幻泡影。

一個不誠實的人無法獲得他人的信任，更遑論尊重和幫助了。

生活在現代社會，人很難離群索居，在通往成功的道路上也很難不尋求別人的援助，因爲，個人的能耐終究有限，必須借助群體的力量才能發揮出無堅不摧的效用。

因此，得不到別人信任的人，只會離成功越來越遠。

日本著名的企業家吉田忠雄以製造ＹＫＫ拉鍊奠立了自己的事業基礎，當他在回顧自己創業成功的經驗之時，曾經語重心長地說：「不管經商或是待人處事，最重要的原則就是一定要誠實，因爲，只有誠實的人才會贏得別人的信任。」

創業之前，吉田忠雄曾經在一家小電器商行當推銷員。剛開始，他在推廣業務方面四處碰壁，進行得相當不順利，有很長一段時間都沒有什麼起色，然而他並不灰心喪志，還是耐心挨家挨戶從事推銷工作。

後來，他終於成功地推銷出了一種新型的刮鬍刀，短短幾天之內便和許多位顧客完成交易，業績突飛猛進。

但是，不久之後他卻從同業口中得知自己推銷出去的刮鬍刀，價格要比其他推銷員來得高，這項訊息使他深感不安。

經過深思熟慮之後，他決定一一登門向這些客戶道歉，並且主動退還差額給

他們。

他這種誠實不欺的作風，使得客戶們大受感動，從此成了他的忠實顧客，除了定期訂購他推銷的產品之外，也為他介紹了許多新客戶。

這個轉折點使得吉田忠雄的業績直線上升，不但獲得更豐厚的收入，也為他日後自己創業建立了廣泛而良好的人脈基礎。

美國總統林肯曾經在演說時強調：「你可以在所有時候欺騙某些人，也能在某些時候欺騙所有的人，但不能在所有的時候欺騙所有的人。」

吉田忠雄之所以能成為成功的企業家，在日本產業界佔有舉足輕重的地位，除了本身鍥而不捨的奮鬥努力外，客戶因為信賴而不斷幫助他，也是相當重要的因素。

吉田忠雄能獲得那麼多人的協助，關鍵只是因為他是個誠實的人，值得客戶信任，由此可見誠實的重要。

千萬別忽略誠實的重要，誠實是為人處世應該具備的基本品德，也是判斷一個人是否能成功的觀察指標。

生活雞精

當我們開始行騙的時候，我們就在編織著一張自縛的網。

——司各特《瑪米恩》

承擔風險，是肯定自我的表現

丹麥作家勃藍斯說：「想發現新大陸的人可能遇上暗礁而擱淺，但是，如果他選擇避開暗礁，就永遠無法發現新大陸。」

英國詩人布雷克曾說：「光會想像而不行動的人，只是生產思想垃圾。成功是一把梯子，雙手插在口袋裡的人是爬不上去的。」

大家都知道掌握機會的重要性，但是，並不是每個人在機會來臨之時都有膽量及能力好好加以把握。

從許多事例中，我們不難得知，成功的人之所以會成功，除了平時不斷累積努力成果之外，也必須具備承擔風險的勇氣。

三洋電機的創辦人井植薰是個深具冒險犯難精神的企業家，事業有成之後，僱用一名園藝師替他整理家中庭院。

某個夏天早上，這位園藝師見到井植薰在庭院散步，不禁向他抱怨說：「社長先生，您的事業就像院中的花草樹木欣欣向榮，可是，我活了將近五十歲，至今仍然像依附在樹上的蟬一般餐風飲露，實在太沒出息了。您能不能告訴我一些創業的訣竅呢？」

井植薰點點頭說：「好吧，我看你對園藝方面的事務相當專精，恰好我工廠旁邊有塊兩萬多坪的空地正荒置著，不如我們合作種些樹來賺錢！一棵樹苗要多少錢？」

園藝師回答：「四十元。」

井植薰又問道：「如果以一坪種兩棵來計算，扣除道路的面積，兩萬坪地大約可以種二十五萬棵，樹苗的成本剛好一千萬元。三年後，一棵樹可以賣多少

錢？」

園藝師計算了一下，回答：「大約三百元。」

井植薰計算了一下，認真地說：「那麼，樹苗成本與肥料費全部由我來支付，你就專門負責澆水、除草和施肥方面的工作。如此一來，三年之後，我們的利潤就至少有六千萬，到時候我們一人分一半。」

沒想到園藝師聽到這個天文數字卻手腳發軟，連忙搖頭說：「哇！這麼大的生意我實在沒膽量做，不如就算了吧。」

丹麥作家勃藍斯說：「想發現新大陸的人可能遇上暗礁而擱淺，但是，如果他選擇避開暗礁，就永遠無法發現新大陸。」

故事中的園藝師，即使在自己最擅長的領域中還是沒有勇氣更上一層樓，這種不敢勇於做夢的行徑，不但顯示他沒有承擔風險的勇氣，更表現出對自己能力的不信任。

承擔風險，其實是一種肯定自己能力的表現，因爲只有具備足夠的能力，在面對風險時才得以從容的解決。

平順的道路不能讓你成長，只會讓你安於現狀，而一個安於現狀的人，最後通常一事無成。

生活雞精

太膽小是怯懦的表現，太大膽是魯莽的行為，至於勇敢則是適得其中。

——塞萬提斯《唐吉訶德》

三心兩意必然一事無成

幽默作家蕭伯納曾說：「人生真正的成功與歡樂，是致力於一個自己認為是偉大的目標。」

富勒曾經寫道：「自己如果不做自己的敵人，世界上就沒有敵人。」

確實如此，很多人失敗，並不是別人從中作梗，而是輸給自己的浮誇不實、心猿意馬。想要成功，必須先學會確立目標，全神貫注瞄準目標。

擁有明確的人生目標，才會激發出前進的動力。目標會給一個人帶來希望和熱情，而這兩種感覺都在通往成功的路上扮演著重要的角色。

所以，訂立明確的目標不但是邁向成功的第一步，往往也是左右成敗的重要關鍵。

有一個獵戶爲了提早讓三個兒子熟悉狩獵生活，某天便帶著他們來到草原，從練習獵捕野兔開始。

到達目的地之後，父親開始巨細靡遺地教導他們打獵過程應該注意什麼事項。等到講解完畢，三個兒子摩拳擦掌即將進行狩獵前，父親又向他們提出了一個問題：「你們向前看，然後告訴我，你們看到了什麼。」

大兒子只向前看了一下，便信心滿滿地回答說：「我看到了爸爸、大弟、小弟、野兔，以及一片大草原。」

父親聽了不說話，只是搖搖頭。

二兒子仔細看了一會，回答說：「我看到了一望無際的草原，我手上的獵槍，以及正在草原上奔跑的野兔。」

父親聽完，還是搖搖頭。

又過了一會兒，三兒子才轉頭回答說：「我眼裡只看到野兔。」

父親聽了，這才露出微笑說：「你答對了！」隨即告訴另外兩個兒子說：「想要打獵，就要全神貫注，眼中只能有獵物存在。」

幽默作家蕭伯納曾說：「人生真正的成功與歡樂，是致力於一個自己認為是偉大的目標。」

故事中的父親爲什麼要告誡兒子：「打獵時必須全神貫注，眼中只能有獵物存在」？

這是因爲，過多的目標會分散自己的注意力，讓自己不能夠專一，容易受到眼前雜物的影響而三心兩意，結果必然一事無成。

因此，當你開始執行某項計劃之時，就要清楚地決定自己無論如何都想完成的目標，一旦下了決定，就必須努力貫徹自己的意志，這是才是邁向成功的不二法門。

不管做什麼事都一樣，想要有所成就，就必須摒除擾亂自己意志的雜念，專心一意地朝自己設定的目標前進。

生活
雞精

人生最寶貴的東西是什麼？自己認準的路，不管誰說什麼，都要挺起胸膛走到底。

——池田大作《青春寄語》

相信自己，寬容別人

美國詩人卡洛斯．威廉斯曾說：「愛所具有的力量不就是寬恕嗎？換言之，由於它的調停，已經發生的事得以挽回。倘非如此，它還有何益處？」

對自己充滿信心當然是一件好事，可是，過度自信容易變成自我膨脹，往往會蒙蔽自己的判斷能力，繼而影響行爲模式。

當一個人過於自信，認爲自己的所作所爲都是正確、錯誤都在別人的時候，結果不但傷害了別人，連自己也會受傷害。

古希臘著名的哲學家蘇格拉底是西方哲學鼻祖，在四十歲那年娶十九歲的贊佩西爲妻。

蘇格拉底深受希臘人敬仰，年輕的贊佩西則聰明漂亮，結婚之時曾被視爲天作之合，遺憾的是，兩人的婚姻生活並不美滿。蘇格拉底寄情於哲學思想，引發了兩人種種嫌隙，致使原本性情開朗的贊佩西逐漸變得暴躁易怒。

贊佩西性格丕變，最後成爲史上有名的「惡妻」，原因在於她覺得蘇格拉底婚前對她充滿欣賞與讚揚，但是婚後卻老是以自我爲中心。

贊佩西無法從兩人關係的轉變中尋獲心理上的需求與慰藉，因此動不動就對蘇格拉底大發雷霆，以此來宣洩滿腹不滿。久而久之，兩人失去了昔日的恩愛親密，贊佩西的種種惡行自然使她被冠上「惡妻」的名號。最後，竟然讓蘇格拉底留下一句名言：「如果你娶到一位好妻子，那麼你將得到終身的幸福；如果你娶到一位惡妻子，那麼你就會成爲一個哲學家。」

美國詩人卡洛斯．威廉斯曾說：「愛所具有的力量不就是寬恕嗎？換言之，由於它的調停，已經發生的事得以挽回。倘非如此，它還有何益處？」

自信是成功的必要條件，可是過度的自信卻會漠視別人的感受，成爲人生路上的絆腳石。正如蘇格拉底的例子，他其實娶到了一個聰明又能幹的妻子，可惜他不能像婚前一樣欣賞妻子的優點，忽略了夫妻相處之道，結果造成妻子不快樂，自己也不幸福的下場。

由此可知，眞正的自信不是只肯定自己的表現就夠了，還必須懂得寬容別人。勇於坦承自己的不足，並且學習如何欣賞別人的優點，才是自信的積極展現。

生活雞精

婚姻是魔鬼、烈火、天堂和地獄。快樂和痛苦，悲傷和後悔都居住在那裡。

——巴恩費爾德

07

有實力，才有好運氣

雖然成功有時候也會受到運氣的影響，
但是運氣不可能平白無故地從天上掉下來，
而是在累積一定的實力之後，
才會降臨在努力的人身上。

不要害怕當傻瓜

一個聰明人如果有當傻瓜的勇氣，那麼他更能堅持自己的理想，並且積極地完成目標。

現實生活中，沒有人願意被別人當成傻瓜！

可是，那些最後獲得肯定、得到成功的人，在一開始，往往也是許多「聰明人」眼中愚蠢的傻瓜。

詹姆森．哈代是一個喜歡冒險的人，他周圍的朋友和同事都認爲他是一個滿

腦子怪念頭的「傻瓜」。當他發現電影發明的原理之後，便從電影膠卷的轉盤中產生了靈感：他讓膠卷上的畫面一次只向前移動一格，以便老師能夠有充足的時間詳細闡述畫面裡的內容。

這個想法讓哈代受到不少嘲笑，但是他沒有因此退縮，經過不斷地反覆實驗，終於成功地實現了讓畫面與聲音同步進行，創造了「視聽訓練法」。

除此以外，哈代曾經兩度入選美國奧運會游泳代表隊，也曾經連續三屆獲得「密西西比河十英哩馬拉松賽」的冠軍。哈代在游泳的時候，覺得大家在比賽時使用的游泳姿勢不好，決心加以改變。

但是，當他把想法告訴游泳冠軍約翰．魏斯姆勒時，約翰認爲他的想法太過荒唐，於是立刻加以拒絕；另一位游泳冠軍杜克．卡漢拉莫庫也要他不要冒險嘗試，以免不小心在水裡淹死。

當然，哈代還是沒有理會他們的告誡，仍然不斷地挑戰傳統游泳的姿勢，最後終於發明了自由式，並且成爲現在國際游泳比賽的標準姿勢之一。

活在這個「靠銀行，銀行會倒；靠政府，政府會跳票」的年代，想要出人頭地，你就不能害怕別人的嘲笑，而且還必須具備一些做人做事應有的智慧，鍥而不捨地為自己創造成功的機會。

不論你設定什麼目標，都得審時度勢，運用腦力幫自己達成目的。

歷史上有許多著名的成功人物，都是因為不怕被別人當成傻瓜，所以才能成就一番事業的。

總是被別人看成聰明人當然很好，可是一個聰明人如果有當傻瓜的勇氣，那麼他更能堅持自己的理想，並且積極地完成目標。

用別人的錯誤當作成功的基石

要想成功，除了埋頭苦幹以外，也別忘了抬起頭來看看四周，讓那些「壞人」的錯誤，成為你成功的基石。

想從芸芸眾生中脫穎而出，比別人早一步成功，你必須同時具備做人與做事應有的應變智慧，把別人的失敗當成自己的借鏡。

想減少錯誤的發生，不妨多看看別人的失敗經驗吧！如果已經有一個不良示範呈現在你眼前，那麼你重蹈覆轍的機會便能減少許多。

美國成功學大師安東尼．羅賓在接受媒體訪問時，曾經提到為什麼他能嚴厲拒絕煙酒和毒品的原因。

安東尼．羅賓說，並不是因為他夠聰明，而是他比較幸運罷了。他之所以不喝酒，是因為在他還是個孩子時，曾看到家中有人因為喝醉而吐得一塌糊塗，那種痛苦的模樣留給他極深刻的印象，從此讓他知道喝酒實在不是一件好事。

除此之外，他有一位好友的母親，大約有兩百公斤重，每當她喝醉時就會緊緊地抱著他，他的臉上和身上都會沾滿她的口水。

這些經歷讓他對酒深惡痛絕，一直到現在，只要聞到別人嘴裡所呼出的酒氣，他還是會覺得很不舒服。

也由於類似的經驗，使他沒有染上吸毒的壞習慣。在他就讀小學三年級時，有一次警察到學校來，放映一部有關吸毒的影片。片中人物在吸毒後神志不清，於是瘋狂跳樓，死狀十分恐怖。

一直到現在，那部影片他依然記得一清二楚，於是他就把吸毒、變態及死亡聯想在一起，這使他日後連嘗試的念頭都不敢有。

所以，並不是他聰明才知道這些壞習慣的可怕，而是有幸在很小的時候就有人告訴他，染上這些壞習慣的可怕後果。

電光石火般的人生太過短暫了，而我們想達成的願望卻是那麼多，因此必須把別人當成借鏡。成功者之所以能夠成功，關鍵就在於競爭過程中，懂得借用別人的經驗和教訓，然後設法爲自己製造最有利的條件。

如果已經有人把犯錯的後果呈現出來，但是你仍然想嘗試的話，那麼你注定不會成爲一個有所作爲的人。

因爲，你不但不肯花時間做其他有意義的事情，反而寧願花時間繼續犯錯，長久下來，你又有多少時間可以反省和悔改呢？

要想成功，除了埋頭苦幹以外，也別忘了抬起頭來看看四周，讓周遭那些人的錯誤，成爲你成功的基石。

自我節制，是邁向成功的第一步

如果你想成功，就必須懂得控制自己、懂得抗拒誘惑，那麼你才能循著自己的目標，獲得理想的成果。

人是最喜歡考驗別人的動物，現實生活中這種「壞人」很多，如果你想通過考驗，把他們變成有用的貴人，那麼首先就得學會「自我節制」。

「節制」兩個字說來容易，做起來卻很難，有時候，就算已經提醒自己要節制，但我們還是會不由自主地被外在環境誘惑和影響。

有一個商人，在商店的櫥窗上貼了一張徵人廣告：「誠徵一個能自我克制的年輕人，薪水每星期六十美元。」

這個特別的徵人廣告在小鎮裡引起了討論，也引來了眾多躍躍欲試的求職者，但是每個來求職的人都要經過一個特別的考試。

商人要求求職者必須在他的辦公室裡，毫不間斷地朗讀一段文章。可是，在朗讀開始的時候，商人會放出六隻小狗。小狗們在求職者的腳邊玩鬧，每個求職者都會忍不住地看看這些可愛的小狗，視線一轉移，朗讀就會停止，當然也就失去了機會。

商人前前後後面試了七十個人，卻沒有一個人達到標準。最後，終於出現了能一口氣讀完的求職者。

商人很高興地對這位求職者說：「我想你應該知道有小狗存在。」

求職者點點頭，並且微微一笑。

「那麼，爲什麼你不看牠們？」

求職者回答：「因爲我說過，我會毫不停頓地讀完這一段。」

商人讚賞地點點頭說：「你錄取了。我相信，你以後一定會成功的。」

商人說得沒錯，這個年輕人日後果然成爲了著名連鎖企業的經營者。

在這個人人都想出頭的年代，人往往會處心積慮地塑造自己，試圖以完美的形象與表現出現在公眾面前，讓人無法立即透視。但是，不管再怎麼會製造假象，有些喜歡考驗別人的「壞人」就是能透過各種方法了解眞相。

因此，不論是求職，還是有求於人，你都必須時時自我節制，才不會在面對考驗之時被人看破手腳。

我們經常可以看到打架鬧事、酒醉駕車等醜態百出的新聞，這些都是因爲不懂得節制才會造成的後果。

一個知道節制的人不會做出越矩的事，更不會因爲一時的誘惑而破壞原本的計劃，所以，如果你想成功，就必須懂得控制自己、懂得抗拒誘惑，那麼你才能循著自己的目標，獲得理想的成果。

與其唉聲嘆氣，不如再接再厲

哲人波魯塔克曾說：「衡量一個人的傑出與否，取決於他是否禁得起考驗和挫折。」

眞正聰明的人，不會因爲一時的失敗而情緒失控，更不會稍不如意便失去理智，反而會再接再厲。

因爲他們十分清楚，暴跳如雷於事無補，只有發憤圖強，戰勝眼前的困境，才會讓自己步上成功的路途。

連鐵杵都能磨成繡花針了，你還認爲天底下有什麼不可能的事嗎？

不要被一時的失意蒙蔽了眼睛，只要把打敗自己的「壞人」，當成讓自己發憤圖強的貴人，你就會看見一個全新的自己。

你知道拿破崙在滑鐵盧一役是被誰所打敗的嗎？

答案是英國的威靈頓將軍。

這位打敗英雄的英雄並不只是幸運而已，他也曾嚐過打敗仗的滋味，並且好幾次被拿破崙的軍隊打得落花流水。

最落魄的一次，威靈頓將軍幾乎全軍覆沒，只好落荒而逃，逼不得已藏身在破舊的柴房裡。

在飢寒交迫中，他想起自己的部隊被拿破崙打得傷亡慘重，這樣還有什麼面目回去見江東父老呢？萬念俱灰之下，打算一死了之。

正當他心灰意冷的時候，突然看見牆角有一隻正在結網的蜘蛛，一陣風吹來，網子立刻被吹破了，但是蜘蛛並沒有就此罷休，再接再厲，努力吐絲，立刻開始重新織網。

好不容易又快要結成時，一陣大風吹來，網子又散開了，蜘蛛毫不氣餒，轉移陣地又開始編織牠的網子。

像是要和風比賽一般，蜘蛛始終沒有放棄，風越大，牠就織得越勤奮，等到牠第八次把網織好以後，風終於完全停止了。

威靈頓將軍看到了這一幕，不禁有感而發，小小的一隻蜘蛛都有勇氣對抗大自然這個強大的勁敵，自己一個堂堂的將軍，更應該要奮戰到底，怎能因爲一時的失敗而喪失鬥志呢？

於是，威靈頓將軍接受失敗的事實，並且重振旗鼓，苦心奮鬥了七年之久，總算在滑鐵盧之役一舉打敗拿破崙，一雪當年的恥辱。

或許可以這麼說，打敗拿破崙的不是威靈頓，而是那隻不屈不撓的蜘蛛，以及牠堅持到底的勇氣。

蜘蛛結了八次網才完成，威靈頓屢次遭失敗後才打倒拿破崙，說明無論大事小事，不管簡單困難，其實都必須具備絕對的決心毅力才能做到。

哲人波魯塔克曾經說過：「衡量一個人的傑出與否，取決於他是否禁得起考驗和挫折。」

失敗是什麼？失敗是通往成功的必經之路。

壞人是什麼？壞人就是讓你更成功的人。

既然如此，那麼，你又何必爲了一時的失敗或不如意，坐在那裡唉聲嘆氣，怪東怪西呢？趕快把讓你遭受失敗的「壞人」當成貴人，化失敗爲成功的動力，徹底擊潰對手吧！

有實力，才有好運氣

雖然成功有時候也會受到運氣的影響，但是運氣不可能平白無故地從天上掉下來，而是在累積一定的實力之後，才會降臨在努力的人身上。

腳踏實地是的成功首要條件，但不可否認的是，有時候，「運氣」多多少少也可能成爲影響成功的條件之一。

只不過，運氣是很抽象的，只有在努力不懈的過程才會出現。

有一位老伐木工正在對新入行的班納德解釋要如何砍樹，老伐木工說：「要是你不知道樹砍斷後會落在什麼地方，那麼就不要砍它。而且樹總是會朝支撐力少的方向落下，所以，如果你想讓樹朝哪個方向落下，只要削減那一方的支撐力就可以了。」

班納德聽完，心中覺得半信半疑，他知道要是稍有差錯，他們要不是損壞一棟昂貴的別墅，就是弄垮一幢磚砌的車庫。班納德滿心不安地依照老伐木工的指示，在兩幢建築物中間的土地上劃一條線。

在那個還沒有電鋸的時代，砍樹主要靠的是腕力和技巧。

老伐木工等班納德準備完成之後，揮起斧頭便向大樹砍去。這棵大樹的直徑大約一公尺，老伐木工年紀雖然大，但臂力還是很強勁。過了半小時，大樹果然不偏不倚地倒在班納德所畫的線上，而且樹梢離房子還有很遠的距離。

班納德很佩服老伐木工的本事，但是老伐木工什麼也沒有表示，只是默默地將大樹砍成整齊的圓木，再把樹枝劈成柴薪。班納德對老伐木工說：「你的技術真好！我絕對不會忘記你今天所教導的砍樹技巧！」

一直不發一語的老伐木工，這時才緩緩地對班納德說：「算我們的運氣好，

今天沒有風。你要注意，永遠要提防風！」

美國總統林肯曾說：「如果我們能夠了解我們的處境與趨向，那麼，我們就能更好地判斷我們應該做什麼，以及怎樣去做。」

想要成功，就必須徹底分析當前的處境，明瞭自己和對手的優勢與劣勢，並且留意「風向」，然後才能設定往哪個方向突破，以最有效率的方式獲得成功。

雖然成功有時候也會受到運氣的影響，但是運氣不可能平白無故地從天上掉下來，而是在累積一定的實力之後，才會降臨在努力的人身上。

如果沒有努力過，只妄想著依靠運氣就能成功，那麼就算僥倖成功了，這種成功往往也只是曇花一現，難以長久維持的。殊不見，在各式各樣的領域，不就充斥著這類猶如流星一般的所謂「成功人士」？

接受約束，是為了得到更多幫助

下次想抱怨時，別忘了你是在什麼情況下抱怨你的束縛，讓適當的約束幫助你成長。

每個人都想過隨心所欲的生活，可惜現實中「壞人」太多，存在著太多束縛，無法讓人任意而爲。

很多人會因此抱怨，但是仔細想想，如果沒有這些「壞人」束縛的話，那麼生活也許就失去了協助，不容易順利成長茁壯。

有一棵剛種下的小樹被綁在木樁上，感到很不自在，便對木樁抱怨說：「你為什麼要這樣約束我，剝奪我的自由？」

木樁回答小樹：「你才剛被種下，根都還沒有紮穩，我的存在是為了幫助你紮根，並且增加抵禦強風的能力，更能讓你不至於倒下！」

小樹完全聽不進木樁的話，心裡想：「我才不相信你這些鬼話！就算沒有你，我還是能紮穩根，根本不需要你的幫助！」

於是，小樹藉著風力，天天用力地摩擦木樁，終於把綁著它的繩索弄斷了。小樹非常高興能夠重獲自由，因為它總算能隨風搖擺自己的軀幹，再也沒有東西能夠束縛它了。

誰知，當天晚上，忽然來了一陣狂風暴雨，小樹因為沒有一個有力的支撐，很輕易地就被連根拔了起來。

等到第二天早上，毫髮無傷的木樁對著倒在地上的小樹說：「獲得自由的感覺，你現在應該知道了吧！」

小樹後悔地說：「我現在才明白我需要約束，可惜已經太遲了！」

人常常用自己的角度衡量事物，因此犯下許多原本可以避免的錯誤。法國思想家拉羅什富科提醒我們：「各種人和事都有自己的觀察點，有的需要抵近去看，做出正確的判斷，有的則只有從遠處看，才能判斷得最好。」

生活週遭，那些約束你、限制你，讓你憎惡的人，很多時候並不一定就是壞人，而是協助你成長的貴人。

如果每個人都能隨心所欲，那麼結果必定會造成一團混亂。

畢竟，在一個群體中，你想要的不一定是別人想要的，而當兩者的慾望產生衝突時，要不造成混亂也難。

所以，下次想抱怨時，別忘了你是在什麼情況下抱怨你的束縛，讓適當的約束幫助你成長。

講原則，也要看場合

想要在社會上立足，就要懂得因地制宜，多磨練自己的性格，才能夠讓別人自然而然地接受你的原則。

有原則是一件好事，也是生活中不可缺少的行事準則。不過，「原則」也得看事件、看場合，要是不管任何事情都只顧著堅持原則的話，不但自己會活得很辛苦，人際關係也會大受影響。

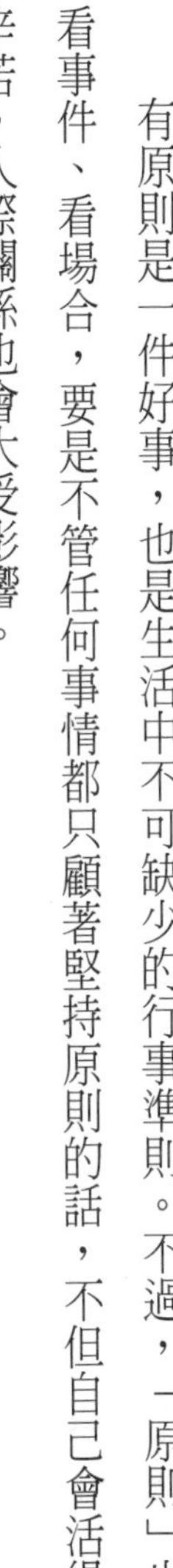

阿文在選擇朋友上，自有自己的一套標準，最不屑與那些虛偽做作、口是心

非的人交往。

有一次，他參加一個旅行團，團裡有一個人爲人坦蕩、性格豪爽、說一不二，這正是阿文心目中可以結交的朋友類型。但是，幾天相處下來，大家不但不覺得和他在一起很開心，反而都覺得和他相處得很不愉快。

原因就是這位仁兄太過於坦蕩蕩了，所以什麼話都說得出口，連粗話也是一樣；跟他交談，從來沒有商量妥協的餘地，而且他說話辦事不看場合，不但十分直言不諱，還常常讓人下不了台、十分難堪。

漸漸地，人人都對他敬而遠之。

阿文剛開始還覺得很困惑，心想：我們不是一直要求別人眞誠坦率嗎？爲什麼大家會對他的言行舉止感到反感呢？

後來，阿文終於明白了，眞誠坦率是指一個人內在的本質，而不是行爲上的「眞誠坦率」。

從此之後，阿文對朋友的選擇標準也就慢慢改變，不再那麼嚴苛了。

人生最大的困擾，就是爲了工作需要或社交活動，我們經常得和別人打交道，言行太過「眞誠坦率」，很容易得罪對方；但爲了把對方變成自己的貴人而言不由衷，甚至口是心非，事後又感覺自己太虛僞。

想解決這種兩難，你就必須讓自己多一點彈性。生活中處處需要彈性，這樣才不會讓自己感到疲乏。太堅持原則的人，只會讓自己到處碰壁，覺得生活當中到處都是「壞人」。所以，想要在社會上立足，就要懂得因地制宜，多磨練自己的性格，才能讓別人自然而然地接受你的原則。

如此一來，你不但可以成爲一個受人歡迎的人，更不會違背自己的原則，讓生活更能符合自己的要求和目標。

聽懂言外之意才能搶得先機

聽懂弦外之音也是人際溝通中的一環，不僅有助於人際關係的建立，更能讓我們比別人早一步搶得先機。

我們都熟悉「意在言外」的技巧，卻經常忽略了別人運用的可能；我們在與人溝通時，經常忽略了人們將本意放在話中話的用意，卻錯將體貼迂迴的溝通視爲敵意，進而造成日後溝通的瓶頸。

會聽話比會說話來得重要，聽人說話卻抓不到重點，或誤解別人所要表達的原意，不僅會讓我們的人際溝通屢出狀況，更會阻礙成功的步伐。

有個老猶太人爲了完成兒子的夢想，便支持兒子遠離家鄉到耶路撒冷求學，但很不幸的是，就在兒子離開故鄉不久，這位體貼的老爸爸突然身染重病，就快不行了。

清楚自己病情的老爸爸，自知無法見兒子最後一面，立即寫了一份遺囑，上面則清楚寫著：「家中財產全都給奴隸阿德，至於我的孩子，就讓他從這些財產中選擇一件，切記，只能要求一件。」

猶太父親死後，奴隸阿德非常開心，因爲老主人臨死前，竟然讓他擁有這麼多的財富，而他也爲了能儘快將事情解決，好好地享受，於是連夜趕往耶路撒冷，向死者的兒子報喪，並遞交這份遺囑讓他知道情況。

男孩仔細看完了遺囑後，十分震驚，實在不敢相信，那麼疼愛他的父親怎麼會這樣處理家產。面對父喪與對遺囑的失望，一時間竟失去了方向：「我什麼都沒了，未來該怎麼辦？」

心中充滿矛盾與痛苦的他，便來到老師家中，向導師吐露心中的煩悶。

然而，當老師聽完他的情況後，卻對他說：「嗯，從遺書上來看，你父親的確很賢明，而且十分疼愛你。」

但這個孩子卻忿忿不平地說：「是嗎？一個把財產全送給奴隸的人，對兒子怎麼會有關愛之情呢？」

老師搖了搖頭說：「孩子，你應該再想一想，只要你能明白你父親的心意，那麼你將會發現，他可是留下了一筆可觀的財產給你啊！」

男孩仔細地聽著老師的開導，卻仍然一臉茫然，於是老師只得明白解說：「你想想看，當你父親知道自己活不久時，必然擔心在他死後奴隸可能會帶著財產逃走，甚至連喪事也不通知你。因此，他只得在遺囑上明白寫著要將財產送給他。如此一來，他不僅會好好地保管這些財產，且會儘快將這件不幸的消息通知你。」

男孩不解地問：「那又怎麼樣？」

老師搖了搖頭說：「動動腦啊！奴隸不是你家財產的一部份嗎？你父親不是說，你可以要求索取其中一件財產嗎？如果你選擇奴隸，財產不是又回到你手中了嗎？這不正是充滿智慧的父親對你細心呵護的表現？」

聰明的父親將兒子的權利藏在遺囑中，若不是老師冷靜分析，男孩恐怕無法發現其中的「弦外之音」。

一個巧思保護兒子，正是一個猶太父親人生睿智的累積。對照兒子聽聞時的誤解與不滿，我們也看見了自己處事的盲點，我們經常只關照自己的一時情緒，卻忘了考量對方之所以如此處置的理由。一旦別人的表現未如預期，便直斥其中的不是，總是忘了替對方想想，其中或者另有隱情。

想學習弦外之音的隱藏計巧，不如學會分辨人們話語中的眞正意思，就像故事中的男孩，若不是老師提醒，恐怕要失去父親留給他的一切財富。

聽懂弦外之音也是人際溝通中的一環，不僅有助於人際關係的建立，更重要的是，因爲能聽懂別人的話語，並讀出對方話裡的言外之意，能讓我們比別人早一步搶得先機。

從抄襲中尋找成功的機會

只有從抄襲之中找出新的方向和點子，成功的機會才會源源不斷地出現在你身邊。

華爾街有句流行警語這麼說：「人總是不停地淘汰過時的機器，卻忘了淘汰過時的腦袋。」

現代社會進步快速，競爭的激烈程度也與日俱增，在這個講求速度和能力的時代裡，不思變通只會增加自己被淘汰的機率。

三個經濟學家和三個數學家一起坐火車旅行，數學家乖乖地買了三張票，但這三位經濟學家卻只買了一張票。

數學家不禁納悶地問經濟學家：「三個人怎麼可以只買一張車票？這樣會被罰款的！」

這三位經濟學家只是笑笑，並沒有回答。

等到查票員準備進車廂查票時，三個經濟學家便一起躲進洗手間，當查票員敲門時，經濟學家沒有開門，只是從門縫裡將車票遞出來。查票員看了看車票之後，就繼續到別的車廂查票去了。

數學家們一看，覺得這眞是個好辦法，回程時也如法炮製，只買了一張票。但是，這一次，三個經濟學家卻連一張票也沒有買。

「你們這次怎麼一張票都不買？」數學家們百思不解地問，經濟學家們仍然只是笑而不答。

當查票員準備查票時，三位數學家依樣畫葫蘆地馬上躲進洗手間。

經濟學家們看到數學家都躲進洗手間後，隨即敲了敲門，然後將數學家們遞出來的車票拿走。

活在這個高度競爭的年代，做人做事一定要有一些創意。

想在險惡的人性叢林中求生存，聰明的人考慮問題、制定謀略的時候，一定要兼顧利與害。既要充分考慮到有利的方面，同時也要考慮到不利的一面，保持清醒的頭腦，才不會衍生不必要的後遺症。

一個好的方法，第一次使用時是創意，接下來使用的人就是抄襲了。

雖然社會上的抄襲遠多於創意，不過抄襲也是需要用心的，必須靈活變通，如果只是一成不變地模仿別人的創意，那麼便很容易產生跟故事裡的數學家一樣的情形。

只有從抄襲之中找出新的方向和點子，才不會被「壞人」唬弄，成功的機會才會源源不斷地出現在你身邊。

08

換個角度，
就會更加突出

樂觀的人，可以在每個憂患中看到機會；

但悲觀的人，卻只能在每個機會中只看到憂患。

換個角度，就會更加突出

樂觀的人，可以在每個憂患中看到機會；但悲觀的人，卻只能在每個機會中只看到憂患。

很多人因爲了找不到商機而唉聲歎氣，卻不嘗試換個角度觀察市場，洞悉消費者的需求，當然找不到成功的契機。

市場不僅是由消費者組成的，還包括了這些消費者的需求。有需要，才會購買，所以只要掌握了消費者需求，就一定有辦法創造商機。

有一位老人對他的兩個兒子說：「你們的年紀也不小了，也該到外面去見見世面了，等你們磨練夠了之後，再回來見我吧！」

於是，兩個兒子遵從父親的囑咐，離開家鄉到城市裡開開眼界。沒想到才過了幾天，大兒子就回家了。

老人看到大兒子回來，有些驚訝地問他說：「怎麼回事？你怎麼這麼快就回來了呢？」

大兒子很沮喪地回答說：「爸爸，你不知道，城市裡的物價實在高得太可怕了！連喝水都必須花錢買，在那裡怎麼生活得下去呢？很多人賺的錢都還沒有花的多呢！」

過了幾天，二兒子打了一通電話回來，興奮地對父親說：「爸爸，城市裡到處都是賺錢的好機會！連我們平常喝的水都可以賣錢！我決定留在這裡好好地開創一番事業。」

過了幾年，因爲二兒子看準了城市中飲用水的商機，並且掌握了大部分礦泉水和蒸餾水的行銷管道和市場，所以很快地佔領了水的市場，成爲數一數二的富豪。

經過金融海嘯衝擊，我們面臨的競爭環境比以前任何時代都要激烈萬分。如果你不設法讓自己更積極一點，更樂觀一點，就無法找到新的切入點，就只能在不景氣的洪流中載浮載沉。

任何地方都會有市場存在，關鍵在於你能不能看到這個市場的潛在需求到底在哪裡。

有句俗話說：「樂觀的人，可以在每個憂患中看到機會；但悲觀的人，卻只能在每個機會中只看到憂患。」

商機是無所不在的，只要換個角度、換個心態，你就能看到別人所看不見的商機，掌握需求，你就可以異軍突起。

從錯誤中迅速進步

犯錯是為了求進步，所以你可以犯許多不同的錯，然後從不同的錯誤中學到不同的經驗和教訓。

每個人都有可能犯錯，犯錯其實並不可恥，讓犯錯成爲可恥的方式只有一種：不斷地犯同樣的錯。

如果你也是這樣的話，又如何比週遭的人更有成就呢？

王先生在公司裡已經是很資深的員工了，可是職位卻一直沒有提升。雖然他

已經待了二十多年，對公司的一切事務也都很了解，但依然只是個基層職員而已。對於這個情形，王先生也不知道到底是爲什麼。

這一天，眼看一個進公司還不到一年的新人被提升爲主任，王先生再也忍受不了了，決定前去找老闆理論，問清楚到底爲什麼一直不讓他升級。

王先生開門見山地對老闆說：「我在這家公司已經做了二十年，比你提拔的新人還多了二十年的經驗，爲什麼你寧願升他也不要升我？」

老闆聽完王先生的抱怨，心平氣和地回答道：「你說錯了，其實你只有一年的經驗而已。」

王先生覺得很驚訝，反問老闆：「爲什麼我只有一年的經驗？」

老闆回答：「因爲你沒有從自己的錯誤中學到任何教訓！你到現在都還在犯你第一年剛進公司時會犯的低級錯誤。」

文藝復興時期的大藝術家達文西說：「鐵不用就會生銹，水不流就會發臭，

人的智慧不用就會枯萎。」

確實如此，唯有懂得運用智慧的人，才可能激發高明的創意，為自己創造出無可比擬的競爭力。

別急著抱怨別人老是對你那麼壞，先想一想，你是不是跟故事中的王先生一樣，做事不用腦袋，一點都不值得期待？

同樣的錯誤，犯第一次時可以原諒，第二次可以當作是不小心，犯第三次就代表你根本不用心！

犯錯是為了求進步，所以你可以犯許多不同的錯，然後從不同的錯誤中學到不同的經驗和教訓。如此，從錯誤中反而可以學習正面的結果。

如果，你只是一直重複同樣的錯誤，不只得出的結果是負面，連自己在別人眼中的形象也會成為負面。

把學歷轉化成能力

文憑就跟外表一樣，雖然一開始容易吸引眾人的目光，但是沒有缺乏真材實料的內在，也只是無用的裝飾品而已。

現代社會中，學歷的重要性是無庸置疑的，大學畢業也已經成了最基本的標準。但是，如果沒有眞才實學的話，再好的文憑和學位，也沒有辦法成爲不可取代的優勢。

肯尼迪高中畢業後就開始找工作，偶然間發現了一則徵人廣告：某家知名的

出版公司要招聘一位負責五個州內各書店、百貨公司和零售商的業務代表，薪水是一個月一千六百美元到兩千美元，另外還有工作獎金、出差費和公司配車……等等。

這是肯尼迪夢寐以求的工作，可惜，他在面試的時候就被拒絕了。

主管很客氣地對肯尼迪解釋爲什麼拒絕他的理由：第一、他的年紀太輕；第二、他沒有相關的工作經驗；第三、他只有高中畢業而已。

肯尼迪竭盡所能地毛遂自薦，但是主管的態度仍然十分堅決。這時，肯尼迪靈機一動，對主管說：「反正你們這個業務代表的空缺已經缺了六個月了，再缺三個月應該也不會有太大的差別。既然如此，能不能讓我先做三個月？我不要薪水和交通工具，公司只要負擔我的出差費就行了。等三個月之後，你再決定要不要錄用我，如何？」

主管覺得肯尼迪的辦法很有趣，便答應了他的條件。

在這短短的三個月裡，肯尼迪達成許多耀眼的成績，其中包括了重組了銷售流程，創下公司有史以來的銷售紀錄；他也爭取到更多新客戶，包括一些以往一直爭取不到的客戶。

於是，不到三個月，肯尼迪就被錄取了。

在人生的各項競爭中，聰明才智才是決定勝負的關鍵。因此，平常就得經常鍛鍊自己的腦力，讓才智像太陽一樣發光，如此它才可能成為你超越別人的秘密武器。

地球已經變平了，競爭者正虎視眈眈想搶走你的機會。想要比別人成功，光是靠認眞和努力是不夠的，有時候在做人方面必須多一點心機，做事方面必須多一些努力，才能讓自己在這個充滿變數的社會中出人頭地。

學歷固然很重要，但是把學歷轉換成能力則更重要。如果做不到這一點，那麼擁有再顯赫的文憑，也不過代表比一般人會讀書而已。

文憑就跟外表一樣，雖然一開始容易吸引衆人的目光，但是沒有缺乏眞材實料的內在，那麼再好看的外表，也只是無用的裝飾品而已。

「敬業」，就是脫穎而出的利器

付出越多，就可能做得越好。只要稍微捨棄自己的個人主義，「敬業」就可以成為讓你脫穎而出的利器。

現代人換工作的速度跟換衣服一樣，加上個人主義作崇，對公司或工作的向心力更是日趨淡薄，不只容易質疑公司政策的正確性，更容易因為個人的情緒，而影響到工作的品質。

打從布隆伯格被所羅門公司錄用的那一刻起，他就認爲自己是一個「所羅門」

人了。

所羅門公司看重能力，接受異議，對所有員工一視同仁的態度，讓布隆伯格覺得在這個環境中簡直如魚得水，十分滿意。

在當時的華爾街，組織的重要性遠遠超過個人，如果你不是這家公司的創始成員的話，要進入這家公司可不是一件容易的事。布隆伯格很珍惜自己的工作機會，所以他總是除了老闆比利·所羅門之外，每天第一個上班的員工。因爲辦公室都沒有人，所以布隆伯格的存在更讓老闆印象深刻。

布隆伯格二十六歲時，就成了高級合夥人的好朋友，而且除了最早上班之外，他常常也是最晚下班的。布隆伯格的勤奮使他開始在同事中嶄露頭角，機會因此也比別人多了許多。

布隆伯格的敬業精神從學生時代就已經表露無遺。

他曾經在一個小房地產公司打工，和他一起來打工的學生總是遲到早退，心思根本不在工作上。

布隆伯格就不一樣了！他從早上六點半就開始上班，八點之前所有打電話來

詢問租房的人，都能立刻獲得滿意的答覆。而其他的人卻一直到九點半才開始工作。他的工作態度不但爲公司建立了良好的形象，同時也替自己帶來了不少業績獎金。

不要以爲你的老闆和上司都是睜眼瞎子，也不要以爲他們都是沒腦袋的豬頭，你在幹些什麼，他們其實一清二楚，只是不想浪費時間點破而已。

你一定要了解，絕大部分的領導階層，都能從工作表現傳達的訊息，迅速研判下屬們是只會打混摸魚的可憐蟲，還是值得栽培的好人才。

也許你不能選擇工作，但是你絕對可以選擇讓自己「敬業」或「不敬業」。也許，有極少數人可以不努力就獲得成功，但這個機率幾乎是微乎其微，因爲，只有付出越多，才能做得越好。

其實，只要稍微捨棄自己的個人主義，把目前的工作視爲向上的階梯，「敬業」就可以成爲讓你脫穎而出的利器。

不要錯把「固執」當「堅持」

再筆直的路也偶爾會有一些小顛簸，再好的方法也可能會有一些小缺點，即使我們能眼觀四方，始終還會有看不見的盲點。

什麼是固執，怎麼才叫堅持？其中尺度拿捏確實需要一點智慧，不過，這裡有一個很簡單的辨識方法：「當你的堅持造成了別人的困擾，又或是因為太過堅持而讓自己失去了寶貴的機會，這些情況便不再是堅持的美意，而是人們公認的麻煩——『固執』。」

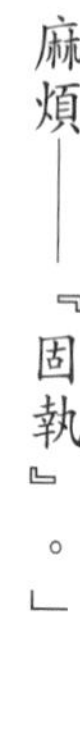

比爾原本是菲利普．莫里斯公司的首席理財專員，擁有哥倫比亞大學ＭＢＡ學位，可說是所有金融公司積極爭取的人才。

不過，看似搶手的比爾，卻在菲利普．莫里斯公司被別家跨國公司收購之後，立即被其他的理財專員取代。換句話說，比爾失業了。

明白競爭環境的現實，比爾並沒有任何不滿，只有向以前的主管柯爾詢問：「在求職的過程中，你覺得我該怎麼做才能表現得更好？」

柯爾看了看比爾，滿臉認眞地說：「比爾，我想你應該知道，在這個行業中的主管大都比較保守，如果你想在別人面前改善形象，必須刮掉鬍子，不管你喜不喜歡，這麼一來面試的成功機率才會更高一些。」

但是，比爾卻搖了搖頭，似乎很不認同柯爾的觀點。

他說：「如果他們不能接受我的裝扮，那將是他們的一大損失。」

柯爾嘆了口氣，對比爾說道：「你的實力我們知道，但是別人可不清楚你的能力啊！」

雖然柯爾了解比爾的想法，但是他仍然想說服比爾，希望他明白：「你可以在爭取到工作機會後再把鬍子留回來啊！」

然而，不管柯爾怎麼勸他，比爾始終置若罔聞，因爲對他來說，肢體或形象上的偏好，不應該成爲一個人能力上的阻礙。

就這樣，比爾失業了一年，一直到失業滿一週年的當天，還是沒有找到工作，到那一天爲止，所有應徵過的公司沒有一間願意錄用他。

所幸，他在擔任首席理財專員時存了一筆錢，這筆財富不僅足夠買下一間小公司，更能讓他保住自己的鬍子。對他來說，工作和生活一樣，都要以最舒服的方式呈現。

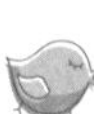

我們在生活中所遭受的痛苦與折磨，有些是週遭的「小人」和「壞人」硬生生加在我們身上，有些則是我們自找的。很多時候，我們自認爲的「堅持」，只不過是牛脾氣發作之時，不分輕重緩急的「固執」。

在這個表現自我的時代，懂得堅持本色原本是件很好的事，但是如果「堅持」

變成了「固執」，那可就不是件聰明人應該做的事。

就像故事中的比爾，雖然最後靠著自己的力量找到機會，但始終還是晚了一些。我們不妨試著從另一個角度來思考，其實比爾一開始如果肯退讓一步，根本不必多浪費那一年的時間，畢竟以他的自信與實力，很快地便能擁有自己的辦公室，並自在地留下他想要的鬍子。

其實，再筆直的路也偶爾會有一些小顛簸，再好的方法也可能會有一些小缺點，即使我們能眼觀四方，始終還會有看不見的盲點。

所以，不管我們對自己多麼有信心，還是得學會謙卑，那並不是要我們當個只做表面工夫的人，而是爲了讓人們能有更多的機會展現自我。

會「聽話」的人容易成功

在日常生活中學習聽話，可以讓你擁有良好的人際關係；而在銷售商品時學習聽話，才能讓你贏得顧客的信賴。

現實生活中，很多人不但不懂得如何「說話」，甚至也不懂得「聽話」，這是因爲，我們通常只在乎自己的表達能力，想讓對方照著自己期望的方向走，忽略了留意聽別人說話的重要性。

這個現象反應了現代人急功近利的心態，以爲只要表達得宜，就可以說服別人，完成自己的目標，卻忽略了「聽話」才是最重要的一環，才能讓別人眞正接受你的一種方法。

美國的汽車推銷大王喬治．吉拉德在他的推銷生涯中，總共賣出了一萬多輛的汽車，其中更包含了一年之內賣出一千四百二十五輛的紀錄。雖然他的銷售成績十分輝煌，但這也是經過多次失敗才能夠得到的成績。

有一天，一位很有名的富豪特別來跟他買車，吉拉德非常賣力地爲富豪解說車子的各種性能，原以爲富豪會覺得很滿意，但是，出乎他意料之外的，富豪最後竟改變了心意，不跟他買了！

這個結果讓一向以自己的推銷能力自豪的吉拉德非常疑惑，很想知道到底是哪裡出了問題。

吉拉德思考了一整天，還是不明白自己的失誤在哪裡，於是到了半夜十二點時，終於忍不住打電話去詢問富豪，到底爲什麼不買他的車？

富豪拿起電話，一聽是吉拉德，便很不耐煩地說：「你知不知道現在已經十二點了？」

吉拉德說：「很抱歉，先生。我知道現在打電話很不禮貌，但是，我眞的很想知道您不跟我買車的理由！能不能請您告訴我，究竟我讓您不滿意的地方在哪裡？」

富豪沉默了一會，開口說道：「既然你想知道，那麼我就告訴你吧！你的銷售能力眞的很強，但是，我不喜歡你今天下午的態度。我本來已經決定買了，可是在簽約前，我跟你提到我兒子的事情時，你卻表現出一副毫不在乎的態度，而且你一邊準備收我的錢，一邊聽辦公室門外另一位推銷員在講笑話，這讓我覺得很不受尊重。我就是因爲你的態度，才打消了買車念頭的。」

想提昇自己的競爭力，就要學會聆聽，然後站在對方的角度看問題。

懂得站在對方角度看問題，可以讓對方知道你是懂得別人著想的人，也可以讓對方化解敵意，甚至可以讓一件原本快破局的事情出現轉機。

只要你願意專心聆聽對方的談話內容，適時加以回應，你就會恍然發現，眼

前這個「壞人」其實沒那麼難纏。

不懂得「聽話」重要性的人，無疑常是人際交往中的失敗者。

從事銷售相關工作的人都知道，唯有滿足顧客的要求，才能成功地達成銷售商品的目的。但是，如何才能知道顧客的需求呢？這就得靠專注地傾聽，才能達到讓顧客滿意的效果。

「聽話」，是每個人都必須認眞學習的一門功課。在日常生活中學習聽話，可以讓你擁有良好的人際關係；而在銷售商品時學習聽話，才能讓你贏得顧客的信賴。

先跨出第一步再說

只要確定目標，那麼就勇敢地踏出你的步伐吧！所有的障礙，都會在你跨出步伐時，找到理想的解決辦法。

並不是每個人一開始都可以設計出一個完美的夢想藍圖。

絕大多數的人都是在生活中，慢慢地摸索出自己到底想要些什麼，並且從不斷地行動中，讓生命的藍圖逐漸成眞。

某個成功學大師到墨西哥進行巡迴演講時，有一對夫婦特地到休息室來拜訪

他，並且希望這位大師能夠替他們目前生活上遇到的問題，提供一些有效的建議。

這個妻子對大師說：「我們一直希望能在高級住宅區擁有一棟房子，我們已經夢想好多年了。」

大師問：「那爲什麼還沒有呢？」

丈夫嘆了一口氣，回答道：「這談何容易呢？我們的存款不夠。」

大師說：「既然你們已經知道你們想要的是什麼了，窮又有什麼關係呢？不要讓窮阻止你們跨出第一步。」

這句話讓夫婦兩人下定了決心。

經過一段時間之後，這對夫婦再度前來拜訪大師，這個妻子對大師說：「我們從墨西哥來到美國，是專程爲了來感謝您的。」

大師有點驚訝：「爲什麼要感謝我？」

「要不是您，我們也許永遠都沒有辦法擁有新房子。」

丈夫接著說：「有一天，有幾位美國朋友打電話來，要我送他們到高級住宅區。那時我們都已相當疲倦，原本打算拒絕，可是突然想到你對我們說的：『跨出第一步。』於是，我們決定送他們到那裡。到了高級住宅區之後，我們看見了自己夢寐以求的房子正在出售，於是我們就買下了它。」

大師好奇地問：「你們要怎麼負擔房子的費用呢？」

妻子回答：「我們買了兩間房子，再將其中一間租出去，這樣一來，那棟房子的租金就可以貼補房貸的分期付款；再加上我們原來的存款，剛剛好能讓我們完成夢想。」

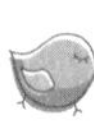

日本心理學家德田虎雄曾經在《產生奇蹟的行動哲學》一書中提醒我們：「行動，行動，行動……只有徹底的行動，才是改變自己，改變自己周圍社會的唯一途徑。」

不管你有什麼計劃，都必須勇敢訴諸行動，如果你不願意踏出第一步，又如何能碰到生命中的貴人？又如何能擁有想要的運氣？

如果這對夫婦一直抱持著「存款不夠，所以買不起房子」的心態，那麼他們

永遠也沒辦法擁有他們想要的房子。

他們跨出了第一步，不但讓美夢成眞，也想出了解決問題的方法。由此可知，設定目標，絕對是成功的第一步！

英國詩人白朗寧說：「矮小的人不斷點滴累積，一百次便能達到目的；高大的人目標萬千，卻不能命中一個鵠的。」

只要確定目標，那麼就勇敢地踏出你的步伐吧！所有的障礙，都會在你跨出步伐時，找到理想的解決辦法。

適時切斷自己的慾望

只有聰明的人，才懂得在適當的時候切斷自己的慾望，而且只有適時地切斷自己的慾望，你才能達成更多的願望。

每個人都會有慾望，不論是名還是利，總是希望越多越好。

雖然慾望是讓人奮發向上、勇往直前的動力，但是，慾望要是太超過了，就會變成貪婪。如果什麼都想要，貪得無饜的結果，反而會讓自己落得什麼都沒有的下場。

有一個神仙下凡間遊的時候，正好遇見一個凡人在趕路，於是便與這個凡人結伴同行。凡人走到一半時突然覺得口渴，見這位同伴的腰間掛著一個葫蘆，於是便開口問道：「你的葫蘆裡面有沒有裝水？」

神仙慷慨地解下腰間的葫蘆，遞給凡人說：「這裡有滿滿一葫蘆的水，你要喝就儘管喝吧！」

凡人喝了葫蘆裡的水之後，不但止了渴，還覺得精神百倍，趕路的疲勞似乎都消除了。又走了一會兒，凡人突然異想天開地看著葫蘆說：「要是你的葫蘆裡裝的是酒，不知該有多好！」

神仙笑了笑，又把葫蘆遞給了凡人，說道：「裡面是滿滿一葫蘆的酒！你想喝就喝吧！」凡人半信半疑地接過葫蘆，一喝之下，發現裡面的水竟然都變成了酒，而且香醇無比。

凡人非常驚訝，心裡暗自想道，自己一定是遇上神仙了，不然怎麼可能要什麼有什麼呢？

凡人發覺了這一點，很高興地對神仙說：「你的葫蘆裡要是裝著可以長生不老的仙丹，該有多好！」

神仙聽了凡人的話，便笑著打開葫蘆的塞子。凡人以爲神仙要把仙丹倒進自己的口中，便張開嘴等著接，沒想到神仙什麼也沒有倒出來，只是搖了搖葫蘆，就這麼消失蹤影了。

俄國文學家克雷洛夫曾經在預言故事中說：「貪心的人想把什麼都弄到手，最後結果卻是什麼都失掉了。」

只有聰明的人，才懂得在適當的時候切斷自己的慾望。

當然，所謂的切斷，並不表示你必須就此放棄，而是要你換個恰當的方法來達到目的。就像故事中的凡人，如果不是那麼急躁地要得到長生不死的仙丹，神仙也不會覺得他貪得無饜，這麼快地消失。

做事時也是如此，循序漸進一定比毛毛躁躁來得穩當，只有適時切斷自己的慾望，你才能達成更多的願望。

別讓「優勢」成為鬆懈的藉口

如果優勢不能成為助力，反而會成為阻力的話，那麼這項優勢也失去了意義，只是一個虛有其表的裝飾品罷了。

要得到競爭的優勢，對現代社會來說，並不是非常困難的事，尤其科技的發達，讓訊息和資源的取得都變得比以往要容易。

但是，即使擁有了優勢，也不保證接下來就會一切順利。有時候，優勢反而會讓自己開始疏忽、大意，變成絆腳石。

有三個旅客同時住進了一家旅店。早上三個人要出門的時候，第一個旅客帶了一把傘，第二個旅客拿了一根拐杖，第三個旅客則什麼也沒有帶。

回來的時候，第一個帶著傘的旅客居然全身都溼透了，第二個拿著枴杖的旅客則摔得滿身是傷，而第三個什麼都沒帶的旅客，卻平安無事地回來了。

旅店老闆覺得很奇怪，便問第一個旅客說：「請問你爲什麼全身溼透了呢？你不是有帶傘嗎？」

第一個旅客回答說：「因爲我拿了傘，所以下雨時，我毫不在乎地快步向前走，沒想到卻被地上的積水弄得全身都濕透了。」

老闆接著問第二個拿枴杖的旅客說：「你爲什麼摔得全身是傷呢？」

第二個旅人回答道：「因爲我拿了枴杖，所以在泥濘的路上我就拄著拐杖快步走，卻因爲地上太滑，枴杖撐不住而摔跤。」

第三個旅人聽完前面兩人的話，不等老闆開口便說道：「我之所以平安無事，是因爲雨來的時候，我就去躲雨；路不好走時，我就小心地慢慢走。」

日本心理學作家邑井操，在《決斷力》一書中寫道：「一個成功者之所以與一般人不同，就在於他能夠在勝負未分之前，對自己的應變能力充滿信心，然後去謀取獲得勝利的條件。」

至於失敗者之所以失敗，往往就是引用錯誤的情報錯估形勢，或者昧於知人，喜孜孜地把別人包藏禍心的建議，當成對自己有利的忠言，事前既不查證，事後又對自己的失敗感到莫名其妙。

如果你的優勢反而讓你鬆懈的話，那麼這種優勢還不如不要！

優勢只是幫助你節省時間的工具而已，它需要運用，功能才會出現；如果這項優勢非但不能成爲你的助力，反而會成爲你的阻力的話，那麼它就失去了原有的意義，只是一個虛有其表的裝飾品罷了。

09

凡事盡力做到最好

人往往會因為外在環境的嚴峻、冷酷，
或是內心世界的鬆懈、怠惰，
做事時無法貫徹始終，
到最後夢想自然變成空想。

跌倒，別忘了立刻爬起來

大部分人因為不想嚐到失敗的滋味，所以一輩子怯怯懦懦，並且還因此沾沾自喜，殊不知這才是最大的失敗！

不論做任何事，剛開始時總是容易跌跌撞撞，就像嬰兒學走路一樣；除非你眞的天賦異稟，要不然，跌倒對每個人來說，其實都只是不足爲奇的小事而已。重點在於，跌倒之後你能不能立刻站起來。

安東尼十四歲的時候來到美國，因爲他從七歲起就跟著裁縫師學裁縫，所以

到了美國之後，很順利地就在一家裁縫店中找到工作。

到了十八歲時，安東尼決定要成立一家屬於自己的店。於是，他和弟弟及其他合夥人共同買下了一間禮服店，信心滿滿地把所有的積蓄都投資在這裡頭。但是，接下來發生的許多事情，卻不斷地考驗著安東尼開店的決心。

先是在即將開業的前一天晚上，被小偷偷走了將近八萬美元的存貨；接下來他再度進的貨，又在一場意外大火中付之一炬。

後來，他才發現保險經紀人欺騙他，根本沒有把他支付的保險費支票交給保險公司，所以這場火災等於沒有保險。更慘的是，可以證明公司存貨內容和價值的一位重要證人，卻正好在這個時候去世了。

接二連三的打擊實在讓安東尼受夠了，他決定到別的裁縫店工作。但是，過了沒多久，他渴望擁有自己事業的慾望又開始蠢蠢欲動了起來。

於是，他再度鼓起勇氣，開了一家裁縫兼禮服出租店。

這一次，他決定多採納別人的意見，但在大方向上依然堅持自己做決定。因為，他始終相信：如果因此跌倒了，是他讓自己跌倒的，如果他站了起來，那也是靠自己站起來的。

因爲安東尼堅持著這個信念，不久之後，他的「法蘭克禮服出租店」終於成爲底特律的知名店舖。

因爲害怕跌倒，所以很多人不敢騎腳踏車、不敢溜冰、不敢玩直排輪……因爲害怕，所以喪失了許多樂趣。

在人生中也是如此，大部分人因爲不想嚐到失敗的滋味，所以一輩子怯怯懦懦，不敢輕易嘗試新事物、新方法，並且還因此沾沾自喜，殊不知這才是最大的失敗！

跌倒的目的，就是爲了讓你在爬起來的時候，能看到更美好的東西！

所以，我們何必害怕跌倒？

應該怕的，是連嘗試都不敢嘗試，便在恐懼中失去機會，因爲，失去了嘗試的勇氣，也就等於自願放棄了成功的機會。

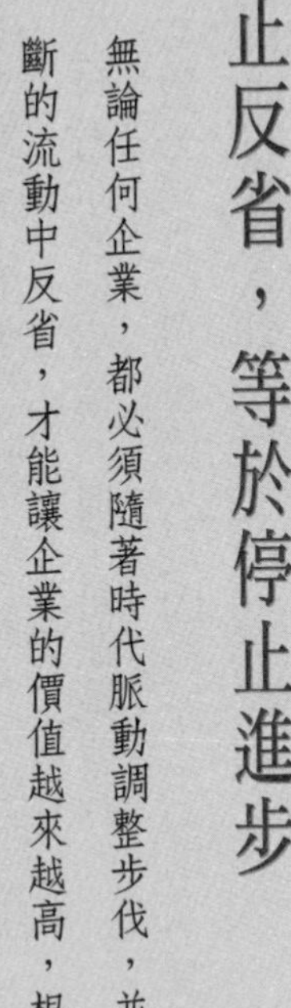

停止反省，等於停止進步

無論任何企業，都必須隨著時代脈動調整步伐，並且在不斷的流動中反省，才能讓企業的價值越來越高，根基也紮得越來越穩固。

在人生過程中，我們往往會碰到許多挫折與困難。想要成功，就必須克服重重危機的結果。

在克服危機的過程中，懂得反省是很重要的，因爲只有懂得反省的人，才有可能找到衝破危機的方法。

安麗是美國知名的消費品製造商，擁有超過一百萬名獨立經銷商的全球直銷網絡，而且旗下販售的產品超過四千三百種。

更驚人的是，安麗所有的商品都是透過上門推銷和郵購的方式銷售，年營業額高達數十億美元。

安麗是由狄韋斯和傑文・安黛爾兩人共同創立的。狄韋斯讀高中時，遇到了傑文・安黛爾，兩個年輕人有著相同的夢想、希望和目標，就這麼開始了一起創造事業的過程。

五〇年代末，他們在自家的車庫裡展開了直銷事業。後來雖然遭遇過許多挫折，但是兩人從不放棄，並且彼此扶持、鼓勵，經過長時間的努力之後，終於演變成現在的安麗。

當媒體詢問狄韋斯的經營之道時，狄韋斯認爲，那些夢想擁有自己事業的人，最後往往只看重管理事業，而不是繼續成長。

大多數公司之所以會垮，是因爲原本的創立者忘了繼續進步的重要，只陶醉在公司目前的繁榮景象。

如果要繼續進步的話，就不能忽略時時自我反省。

白手起家的人固然值得欽佩，但是「守成」的人則更爲重要。

要想維持成功的話，停滯不前非但無法維持原有的成績，反而是一種退步，甚至會導致瓦解。

無論任何企業，都必須隨著時代脈動調整步伐，並且在不斷的流動中反省，才能讓企業的價值越來越高，根基也紮得越來越穩固。

當然，想要在現實生活中持盈保泰，你也必須時時自我反省。千萬不要停止進步，要讓心思冷靜細膩，如此才能培養深謀遠慮的智慧，對可能出現的變數預做應變措施。

你有沒有成功的勇氣？

充分了解自己個性是掌握成敗的關鍵，只要能針對自己的缺點改進，那麼原本不屬於你的成功特質，也會逐漸成為你個性的一部分。

成功需要具備許多特質，但這些特質並不一定都是與生俱來，有些是可以靠後天培養的。

其中，最難培養的就是「勇氣」，因爲勇氣是邁往成功的第一步，沒有了勇氣，那麼任何事情也都無法完成了。

莫瑞兒．西伯特常被尊稱爲「金融界的第一女士」，因爲她在紐約的證券交易所裡擁有席位，並且是第一個在交易所擁有席位的女性。而她位於紐約的莫瑞兒．西伯特公司，也是全美最成功的經紀公司之一。

西伯特從小就希望擁有自己的事業，從俄亥俄州到紐約來打天下，剛到紐約的時候，全身的財產只有牛仔褲裡的五百美元。

她在紐約的第一份工作，是在一家經紀公司當一名周薪六十五美元的實習研究員。

有一天，西伯特接到一個好消息，一家她曾經寫過報告的公司來電，告訴她因爲她寫的產業分析報告，使他們公司賺了一筆錢，就這樣，西伯特得到了她生平第一份公司訂單。

從此，西伯特的業績開始蒸蒸日上，不過她並不因此而滿足；她一直努力想爭取一家大型經紀公司的合夥資格，卻因爲女性的身分而遭到對方拒絕。

這個打擊讓西伯特明白了一件事：想要在這個男性掌權的環境中生存下去，就必須創立自己的事業。

雖然，當時她連租一個辦公室的資金都湊不出來，只能把別家公司提供的小角落充當辦公室，但她還是決心要放手一搏。

莫瑞兒．西伯特就在這個臨時辦公室裡展開了她的事業。結果，六個月之後，西伯特就遷出了這個簡陋的辦公室，搬進屬於她自己的辦公室。而且，經過不斷地奮鬥之後，莫瑞兒．西伯特終於成功地建立了頗具規模的企業。

英國詩人白朗寧曾經說過：「胸懷遠大目標，無論達到與否，都會使人的生活充滿意義。」

訂定奮鬥目標之前，一定要先徹底了解自己有沒有充足的準備，並且反覆地檢討自己的優缺點，因爲，未經深思熟慮，貿然的行動，只會讓自己陷入不必要的麻煩中。

其中，充分了解自己的個性是掌握成敗的關鍵，只要能針對自己的缺點改進，那麼原本不屬於你的成功特質，便會在不斷地努力後，逐漸成爲你個性的一部分。

機會就在「麻煩」中

機會往往就隱藏在層層的麻煩之中，如果你想成功，別吝嗇你的時間，只要願意堅持下去，一定能找到成功的契機！

每個人都不喜歡麻煩，也沒有人會自找麻煩，可是麻煩的事情中，卻往往隱藏著成功的契機。如果沒有那些愛「找麻煩」的人，世界上的成功者也許會因此減少很多。

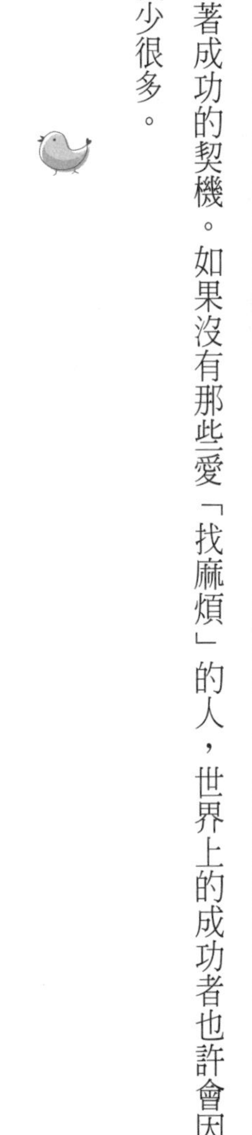

費爾德是架設海底電纜的創始者，當他決定進行海底電纜這個計劃時，毫不

猶豫地把自己所有的財產都拿出來，投資在開發海底電纜上。

爲了尋求國會議員的支持，他在國會議題討論中不知道接受過多少議員的質疑和反對，但是費爾德並不灰心，最後終於獲得國會議員過半數通過支持，讓他的計劃得以執行。

因爲舖設海底電纜是一項前所未見的工程，所以在第一次架設的時候，就因爲電纜在海裡無法舖超過五公里而失敗。接下來，他仍然不斷地遭遇到許多慘痛的失敗，但是他一步一步地修正，最後，終於在一八五八年完成了世界上第一條海底電纜。

電纜雖然架設好了，但遺憾的是，只營運了幾個星期就停擺。可是費爾德還是不死心，仍然到處說服投資人，籌集資金準備做最後一搏。

好不容易有公司願意支援費爾德的計劃，但是舖到兩千四百英哩的地方時，電纜又斷了，一切的努力又付諸流水，損失金額超過六百萬美元。

經過十二年不停地努力，一八六六年七月二十七日那天，終於成功地完成了電纜的工程。第一個透過海底電纜傳來的消息是：「感謝上帝，電纜舖好了，運

行正常。費爾德。」

一味把自己的人生希望寄託在別人身上，不僅僅是危險的行徑，同時也是可憐與可悲的懦弱表現。

遭逢困境或瓶頸之時，必須認清現實，冷靜地分析如何突破，因爲，導致我們失敗的，往往不是困境本身，而是我們面對困境的心理狀態！

眞正聰明的人，總是保持冷靜的心境，讓自己順利突破困境。

有時候，「自找麻煩」反而是讓自己成名的大好機會，因爲大多數人都怕麻煩，所以「自找麻煩」的人反而特別容易引人注意。

機會往往就隱藏在層層的麻煩之中，如果你想成功，別吝嗇你的時間，只要你願意堅持下去，你一定能找到成功的契機！

凡事盡力做到最好

人往往會因為外在環境的嚴峻、冷酷，或是內心世界的鬆懈、怠惰，做事時無法貫徹始終，到最後夢想自然變成空想。

成功的法則其實很簡單，那就是不管情況如何，都要竭盡全力去做好自己應該做、最想做的事情。這個法則看似簡單，然而，大多數人卻無法徹底奉行，因此，總是和成功擦肩而過。

有一位風度翩翩的年輕軍官，穿著海軍制服，快步地走進了海曼．里科弗將

軍的辦公室。坐定之後，召他前來的里科弗將軍就讓這位青年挑選任何他希望討論的話題。

於是，他們打開話匣，討論了時事、音樂、文學、海軍戰術、電子學和射擊學……等等。

在談話過程中，將軍一直注視著軍官的眼睛，並不斷地發問，常常問得這位年輕軍官瞠目結舌。但是，這些題目都是這位軍官自己挑選的，他原本以爲自己懂得很多，卻沒想到，在這樣互動之下，原來自己所知道的是少之又少，令他羞愧地冷汗直流。

終於，談話結束了，最後將軍問了他成績。

「先生，在八百二十人中，我名列第五十九名。」這位年輕軍官說到排名，又忍不住自豪了起來。

但是，將軍卻又反問他：「你已竭盡全力了嗎？」

「沒有！」年輕人很誠實地回答：「其實，我常常沒有盡到全力。」

「爲什麼你不竭盡全力呢？」將軍嚴肅地看著他許久。

年輕軍官低下了頭，從此以後，他將「竭盡全力」做爲自己的座右銘，不斷地鞭策自己，並努力學習，凡事都竭盡全力地做到最好。

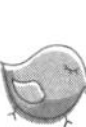

這位二十四歲的海軍軍官，正是後來的美國總統卡特。

卡特回憶說，他終生都不會忘記這個寶貴的訓示，每當他想起里科弗將軍神情嚴肅的問話：「爲什麼不竭盡全力？」這句話總會非常強烈地激勵著他。

人往往會因爲外在環境的嚴峻、冷酷，或是內心世界的鬆懈、怠惰，做事時無法貫徹始終，到最後夢想自然變成空想。

愛迪生說：「我不是天才，我只是竭盡全力去做而已！」

當一個舉世聞名天才說，他的成就只是因爲盡了全力時，你怎麼能因爲自己的情緒起伏和意志不堅，給自己半途而廢的藉口呢？

承認犯錯，才有機會補救

當你發現自己發生錯誤時，補救遠比掩飾犯錯還重要！只要你不隱瞞自己的錯誤，這個錯誤不但可以彌補，說不定結果還會比沒犯錯時更好。

每個人都會犯錯，不管多麼成功的人，在成功的背後，一定也有一連串的錯誤經驗。

犯錯不是件可怕的事，唯一可怕的地方，在於「隱瞞」錯誤，因爲，隱瞞的結果，往往比所犯的錯誤還要嚴重得多。

格里在西爾公司當採購員時，曾經犯下了一個很大的錯誤。

該公司對採購業務有一項非常重要的規定：採購員不可以超支自己的採購配額！如果採購員的配額用完了，那麼便不能採購新的商品，要等到配額撥下後才能進行採購。

在某次採購季節中，有一位日本廠商向格里展示了一款很漂亮的手提包，格里身為採購員，以專業眼光來看，認為這款手提包一定會成為流行商品。可是，這時格里的配額已經用完了，不禁後悔自己之前不應該衝動地把所有的配額用光，導致現在無法抓住這個大好機會。

格里知道自己現在只有兩種選擇：一是放棄這筆交易，雖然這筆交易肯定會給公司帶來極高的利潤；二是向公司主管承認自己的錯誤，然後請求追加採購金額。格里決定選擇第二種方法。他一進主管的辦公室，就對主管坦承：「很抱歉，我犯了個大錯。」然後將事情從頭到尾解釋了一遍。

雖然主管對格里花錢不眨眼的採購方式頗有微詞，但還是被他的坦誠說服了，並且撥出需要的款項。

手提包一上市，果然受到消費者熱烈的歡迎，成爲公司的暢銷商品，而格里也因爲這次的超支學到了教訓，並且從中獲得寶貴的經驗。

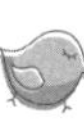

我們都習慣把那些愛訓斥自己的上司看成「壞人」，因此，發生錯誤的時候，第一個想法就是掩飾。其實，這是錯誤的做法，勇於認錯不但會讓你在對方眼中留下良好印象，也可以適時得到對方的援助。

發現自己發生錯誤時，補救遠比掩飾犯錯還重要！只要你不隱瞞自己的錯誤，這個錯誤不但可以彌補，說不定還可以幫助自己更上一層樓，結果還會比沒犯錯時更好。

一旦犯了錯，就要有承擔責備的心理準備，因爲自己做錯了，如果因爲害怕被責備而不願意承認錯誤，那結果就可能是失去更多的大好機會。

相信專家，小心變成輸家

別再盲目地聽信「專家」的意見了，否則你很容易變成輸家。唯有經過思考和判斷，才能真正的付出行動。

在這個迷信專家的年代，熟諳人性弱點的小人，往往會處心積慮地塑造自己，以「專家」形象出現在公眾面前，讓無法分辨真偽的人吃虧上當。

其實，即使最傑出的天才人物，在某些領域中仍舊是寸步難行、愚昧無知的，因此，不要盲目迷信專家的說法。一個人如果不曾仔細觀察，就不會有深刻的理解，自然也就不會有正確的行動。

美國有位心理學家曾經做過一個實驗。開課前，他介紹一位化學家，說是要來和同學們一起研究一個新實驗，他說：「這位就是世界知名的化學家史密特先生，你們今天要配合他做一個試驗。」

於是，這位史密特先生用德語向學生講解，而由那位教師當翻譯。

史密特說，他正在研究某種新發現物質的性能，因爲這種物質擴散得非常快，人們才聞到它的氣味，就立刻消散了，氣味並不持久。但是，一些較過敏的人，在聞到這種氣味後會有輕微的反應，諸如頭暈、噁心……等情況，不過這些症狀很快就會消失，並不會有任何副作用。

史密特說完後，便從皮包裡拿出一個密封的玻璃試管，他說：「現在，只要一打開試管，這種物質便會立即散發出來，你們很快就會聞到氣味了，一聞到氣味的人，請立即舉起手來。」

只見他打開了試管，不一會兒工夫，從第一排到最後一排的學生全都舉起手來，甚至還有人說有自己頭暈的現象。

當實驗結束後，沒想到老師卻對學生們說，所謂具有強烈刺激氣味的物質，其實只不過是普通的蒸餾水而已，至於那位「史密特」先生，也只是該校的一位德語教師，根本不是什麼世界著名的化學家。

從這個實驗中，我們可以獲得一個訊息，那就是人們太過迷信專家了。一遇到專家，就習慣以他們的說詞作為依據，造成行為上的盲從，讓自己失去客觀的判斷能力，因此才會被週遭的小人騙得團團轉。

你是不是也習慣當個應聲蟲呢？或是只會人云亦云，一點自主思考和判斷的能力都沒有？

別再盲目地聽信「專家」的意見了，否則你很容易變成輸家。

就算頭銜再多，名聲再響亮，貨眞價實的專家也會有出錯的時候，更何況是那些冒牌的專家呢？唯有經過思考和判斷，才能眞正的付出行動。

智力會提高成功的機率

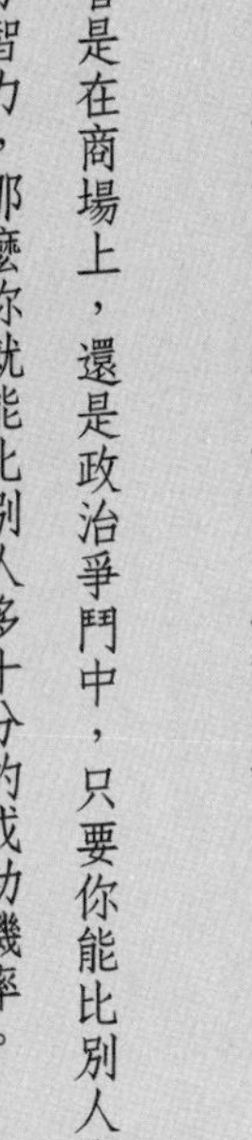

不管是在商場上，還是政治爭鬥中，只要你能比別人多用一分智力，那麼你就能比別人多十分的成功機率。

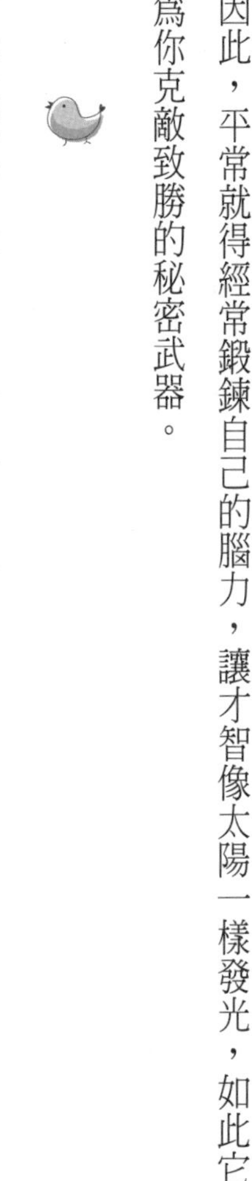

在人生的各項競爭中，是否具備聰明才智，往往是決定勝負的關鍵。

因此，平常就得經常鍛鍊自己的腦力，讓才智像太陽一樣發光，如此它才可能成為你克敵致勝的秘密武器。

宮本武藏是日本史上最著名的劍俠，不但武藝超群，而且對兵法、禪學及心

理學都有相當的研究。

因爲他上知天文又下知地理，更懂得舉一反三，將理論落實於生活中靈活運用，所以他總是能在歷次爭鬥中獲得勝利。

像他和佐佐木小次郎在岩流島的決鬥，就充分地顯示出他的作戰技巧。

首先，他和對方約定好決鬥的時間，接著故意遲到二個小時，這麼一來，對手在等待的過程中，便會產生厭惡和急躁的情緒，而導致對手注意力的分散。

第二，在準備決鬥之時，宮本武藏刻意選擇了背向大海的位置，如此一來，佐佐木小次郎就正好面對直射過來的陽光，因爲受到陽光的刺激，雙眼便很容易產生疲勞。

而且，聰明又狡猾的宮本武藏站在背對太陽的方向，對於面向太陽的小次郎來說，宮本武藏冷酷的形象便會加大，於是，在戰前的心理交戰中，宮本武藏就已經佔盡了優勢。

所以，佐佐木小次郎在無法充分發揮實力下，便被對手一劍刺死了。

雖然，當時在場監戰的高手都指出，小次郎的戰鬥實力並不比宮本武藏差，甚至比他更強。但是，宮本武藏善於利用天勢、地理等條件，又能掌握對手的心理，自然就顯得技高一籌了。

眞正的高手不會用蠻力迎戰，而會採取以智剋人的方式，靠機智獲得最後的勝利。

著名的空城計，讓諸葛亮不戰而屈人之兵，順利嚇走司馬懿，那不只是一場成功的守城，更是諸葛亮結合了心理戰術，以智取勝的結果。

援用到現實生活中，不管是在商場上，還是政治爭鬥中，只要你能比別人多用一分智力，那麼你就能比別人多十分的成功機率。

越懂得把握，收穫越多

得到一樣東西之後，往往又會想要更多，慾望無窮，但是得到的卻沒有更多，反而把原本握在手上的，拱手讓給了別人。

不論是爲人處世或是投資理財，都應該謹守中庸之道，適可而止，才能讓自己處於不敗之地。

否則，到最後就會淪爲「一無所有」的失敗者。

有一對新婚夫妻到拉斯維加斯度蜜月，不到三天時間，新郎就已經輸掉了一

千美元。

這天，新郎又輸了，非常懊惱地回到房間。這時候，新郎看到梳妝台上有個閃亮亮的東西，好奇地上前一看，原來是他的妻子為了當紀念而留下的五塊錢籌碼，而籌碼上的號碼「十七」正在閃閃發光。

新郎覺得這是個好兆頭，於是興高采烈地拿著這個五塊錢籌碼跑到樓下的輪盤賭台，準備用這個五塊錢籌碼押在「十七」號！

不知道是哪裡來的好運，輪盤的小球居然正好落在「十七」這個數字上！

新郎就這樣贏了一百七十五塊美元。

新郎高興得不得了，把贏來的錢繼續押在「十七」號上，結果居然又中了！

新郎的好手氣就這樣一直持續著，最後他竟然贏了七百五十萬美元！

這時的他已經是欲罷不能了，賭場的經理終於出面了，對新郎說，如果他再繼續賭下去的話，賭場可能沒有辦法再賠他錢了。

這個新郎想乘勝追擊，於是立即叫了部計程車，直奔市區另一家財力更雄厚的賭場。

他樂昏了頭，把贏來的七百五十萬全部孤注一擲地押在「十七」號上，結果輪盤的小球方向一偏，最後停在「十八」號上。

就這樣，他一輩子都賺不到的天大財富，轉眼間便輸得一乾二淨了。最後，他身上一毛錢都沒有，只好垂頭喪氣地走回旅館。

他一進房間，妻子就問他：「你到哪裡去了？」

「我去賭輪盤。」他說。

「手氣怎麼樣？」妻子好奇地問。

「還好，我只輸了五塊錢。」

其實，這位新郎原本可以成爲七百五十萬美元的主人，但是他的貪心，卻讓他成了「只輸了五塊錢」的過路財神。

我們或許都曾有這樣絕佳的機會，只是我們有沒有好好把握而已。

得到一樣東西之後，往往又會想要更多，人的慾望無窮，但是得到的卻沒有

更多，反而把原本握在手上的，拱手讓給了別人。

如果你已經掌握了些什麼，請你好好把握，或許從這些資源中，你反而能得到更多意想不到的收穫！

建立蘇維埃政權的列寧曾說：「為了能夠分析和考察各種狀況，應該在肩膀上長著自己的腦袋。」

當你面臨選擇的時候，應該要有屬於自己的獨立思考方式，方能做出最有利於自己的判斷和抉擇。

突破自我，就能跳出生活的瓶口

不要再替自己找藉口；
只要能夠堅持目標，
用心突破瓶頸，
人生的出口一定會無限寬廣。

生命，經不起無謂的浪費

人的生命是有限的，經不起無謂的浪費，只要你能把握生命中的每一秒，那麼你的目標也就離你不遠了。

曾經有一個這樣的笑話。

某甲的錢包被偷了，爲了追回錢包，便死命地追著小偷不放。

某甲很生氣地邊追邊想：「我就不相信我跑不過你！」

於是，他卯足了勁，全力地往前跑。等到他終於追上時，沒想到某甲竟然只記得要跑贏小偷，而忘了追回錢包，仍然繼續地一直往前跑！

當我們整天只知道像陀螺一樣地忙忙碌碌，卻忘了既定的生活目標時，這種行爲不也和那個忘了小偷，只顧著向前跑的某甲一樣嗎？

自己。

有位女作家之所以能有這麼豐富的作品產量，完全得力於她可以理智地限制

她出過幾十本書，作品風靡華文世界，讓人難以想像的是，這位既擔任教職，又有三個孩子的作家，怎麼還能有如此旺盛的精力和時間來創作。

原來，她不看電視、也不看電影，平常更不逛街、不應酬，每天一下班就立即回家，將自己「囚禁」起來，開始寫作。

她說：「一進家門，我便把自己變成一隻蜘蛛。文字是絲，我用絲來織網，勤奮苦心地織，有一種快樂絕頂的感覺。在整個編織的過程中，我用我的耐性和韌性，將千條萬縷的細絲，織成疏密有致的網；然後，我再以我的感情和經驗，爲這個網的雛形設計獨特的圖案。」

有人因此評論說：「她既是編織美麗文字之網的作家，也是一個不斷吮吸知

識甘泉的讀書狂。她像蠶一樣發狂地吞食，再努力地消化。」

這種專注的能力，使她成爲一個不容易向現實低頭的人，也因此能在文字殿堂中，獲得令人激賞的成績。

美國激勵作家麥斯威爾．馬爾茲曾經說過：「一個人最終拋棄了虛偽與矯飾，主動表現出本來面目時，所得到的輕鬆與滿足是不可比擬的。」

這是因爲，虛僞與矯飾讓人終日患得患失，只有勇敢面對自己的缺點，才能在人前人後都活得輕鬆自在。

限制自己，其實是一種非常勇敢的行爲！因爲它不僅能測試一個人的意志力，還能表現出一個人是否能充分地運用時間。

如果你充滿理想，並且渴望成功，那麼，嘗試向自己的「自制力」挑戰吧！人的生命是有限的，經不起無謂的浪費，只要你能把握生命中的每一秒，那麼你的目標也就離你不遠了。

突破自我，就能跳出生活的瓶口

不要再替自己找藉口；只要能夠堅持目標，用心突破瓶頸，人生的出口一定會無限寬廣。

很多人習慣把事情訂在一個界線之內，一旦不能突破，就會退縮到安全的界線內，並告訴自己：「算了吧！我的能力就只有這些」，殊不知那條界線，其實正劃分著勝利與失敗。

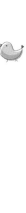

有一位推銷員，年營業額從四萬美元一下子爬升到十餘萬美元，很多人羨慕

之餘紛紛問他究竟是如何辦到的。

他笑著回答說，那是因爲他學到了一件事，才使得業績呈倍數成長，那件事就是學會如何訓練跳蚤。

你知道如何訓練跳蚤嗎？

在訓練跳蚤時，要先把牠們放到廣口瓶中，用透明蓋子蓋上。

起初跳蚤會跳起來撞到蓋子，而且是一再地撞著，但是，慢慢的，你會注意到一件有趣的事，跳蚤會繼續跳著，不過，久了之後，便不再跳到足以撞到蓋子的高度。

然後，你拿掉蓋子，雖然跳蚤繼續在跳，但絕對不會跳出廣口瓶之外，理由很簡單，牠們已經把自己的跳躍能力調節到瓶蓋的高度之下。

人也一樣，不少人準備做一件偉大的事情，打破某個紀錄或進行一項破天荒的創舉。剛開始，他們的夢想與野心十分遠大，但是在生活的道路上，並不是時時刻刻都能隨心所欲，一定會有碰壁的機會。

一旦碰壁了，心境難免沮喪、低落，親友或同事們的消極批評，更容易使自

己受到影響，開始認爲自己所定的目標「超過了自己的能力」。

於是，最後便認爲自己能力不足，淨爲自己找失敗的藉口，就像跳蚤主動調降自己的跳躍能力一樣，想成功自然是不可能的了。

但是，前述那位成功的推銷員，不僅不讓自己受到消極的影響，更要求擺脫「失敗者的藉口」，於是，他給自己設定一個目標，每當遇上瓶頸時，就激勵自己：「我一定要打破紀錄，成爲世界上最優秀的推銷員。」

他要求自己，每天都要賣出三百五十美元的商品，這種決心使得他的生意在一年之內增加了三倍。

不僅如此，他還應用了這些「目標達成」和「跳蚤訓練原理」，一舉而成爲美國著名的演說家和銷售訓練員之一。

一個人能不能順利完成夢想，並不在於先天擁有什麼能力，而在於是否擁有下定決心執行的勇氣。

許多人一旦碰到了困難，總是輕易放過自己，逃得遠遠的，不僅讓一切從頭開始，還自訂了前進規則：「前進一步退三步」，於是，只見生命的瓶口越來越狹窄，甚至看不見出口。

你可以爲自己設定一個目標，並有計劃地用各種方式爲自己的能力加碼，不要再替自己找藉口；只要能夠堅持目標，用心突破瓶頸，人生的出口一定會無限寬廣。

生活雞精

失敗與成功的界線如此細微，以致於我們常常就站在它的界線上，卻毫無所覺。

——艾伯特·赫巴德

想要成功就必須持續行動

成功只能在行動中產生，想出人頭地，除了設定目標努力工作之外，真的沒有其他任何捷徑，更沒有替代道路。

很多人之所以會在人生旅途一再失敗，原因在於他們只想輕鬆收割，卻從來不願辛勤播種和耕耘。

其實，凡事都要腳踏實地去做，不馳於空想，不騖於虛聲，以實事求是的態度，認真踏實去做，才可能獲得寶貴的成功。

只要你盡了力，你希望的事情都會實現。

有一個衣衫襤褸、滿身補釘的小男孩，有一天走過一大樓的工地，見到一位衣著華麗、口叼煙斗的大老闆在現場指揮工人，便鼓起勇氣向他請教：「我要怎麼做，長大後才會跟你一樣有錢？」

這老闆甚感意外，低頭打量了小傢伙一眼，對他說了一個小故事：

在一個開挖溝渠的工地裡，有三個工人在工作，一個拄著鏟子說，他將來一定要做老闆；第二個則抱怨工作時間長，報酬低；但第三個什麼話也沒說，只低頭努力挖。

好幾年以後，第一個仍拄著鏟子，嚷著自己以後要當老闆，第二個則早已找了藉口退休，至於第三個，後來不僅成了那家公司的大老闆，而且還讓公司更上一層。

這位老闆說完之後，問小男孩：「你明白故事的寓意嗎？小伙子，好好埋頭苦幹吧！」

但是，小男孩卻仍然滿臉困惑，大老闆看了看四周，指著那批正在架子上工作的工人，對男孩說：「你看到那些人嗎？他們全都是我的工人，但是我無法記住他們每個人的名字，甚至有些人根本都沒印象。但是，你仔細看他們之中，只有那邊那個曬得紅紅的傢伙，就是穿著一件紅色衣服的那個，以後才會出人頭地。」

大老闆分析說，自己很早就注意到他，因爲他總是比別人賣力，做得更爲起勁。每天他都比其他的人早上班，工作時比別人拼命，而下班時間，他都是最後一個走。加上他穿的那件紅襯衫，使得他在這群工人中間特別突出。

大老闆笑著說：「我現在就要過去找他，請他當我的監工，我相信，從今天開始他會更加賣命，說不定很快就會成爲我的副手。」

看完這個故事，你是否已經知道如何才能獲得成功？

如果還不是很清楚，接著看看法國詩人夏爾在《甦醒的睡神》裡寫的這句話：

「在行動上應該簡單實際，在預見上應該像一個戰略家。」

成功只能在行動中產生，想出人頭地，除了設定目標努力工作之外，真的沒有其他任何捷徑，更沒有替代道路。

只要你確定付出了心力，也紮紮實實地盡了全力，不必想太多，所有你想要你希望的事，都會自自然然地實現。

生活雞精

一個人怎樣才能認識自己呢？絕對不是通過思考，而是通過實踐。盡力去履行你的職責，那你就會立刻知道自己的價值。

——歌德

畏首畏尾只會讓你的生命不斷倒退

失敗的陰影總是籠罩著害怕危險的人，越不敢冒險犯難，失敗的可能性就越容易加深。

印度詩人泰戈爾說：「使社會變得偉大的人，正是那些有勇氣在生活中嘗試和解決新問題的人。」

人唯有迎接新的挑戰，人生才出現轉機，畏首畏尾只會使生命不斷倒退。當你感到缺乏意志，無法駕馭自己的生活，這種感覺會助長內心的失落感，縱使你目前的生活看似優裕，也不可能活得無愧於自己。

在我們生活週遭常常可以聽到：「看你們那麼辛苦，我才不做咧！」或是

「哇，那麼困難，我一定不要。」

遇到艱難，試都不想試就選擇避開，這種人還能成就什麼事？

有個名叫大衛的年輕人，住在英格蘭內陸的一個小鎮上，從來沒有看過海的他，非常想到海邊看一看大海的模樣。

某天，他終於如願以償來到海邊，當他看到夢想已久的大海時，天空正籠罩著厚厚的濃霧，海面波濤洶湧，天氣又溼又冷，使得他大失所望。

他心裡想著：「我開始不喜歡大海了，還好我不是水手，當一個水手實在太危險了。」

在海邊走著走著，他遇見一個水手迎面而來，兩個人便聊了起來。

大衛問他：「你怎麼會喜歡海呢？海上瀰漫著濃霧，天氣又冷又溼。」

水手回答說：「哦，其實海上不常有霧，也不會天天都那麼冷，大部份的時間是明亮而美麗，而且對我來說，任何天氣下的海洋都非常美麗，因爲我非常愛大海。」

大衛又問：「當水手不是很危險嗎？」

水手說：「朋友，當一個人熱愛他的工作時，他是不會想到什麼危險的，何況我們的家人每一個人都愛海。」

「喔？你的父親現在何處呢？」大衛問道。

「他遇到颶風，已經葬身大海。」

「你的祖父呢？」

「他的船隻失事，死在大西洋裡。」

「那你的哥哥……」

「他在海邊游泳時，不幸被鯊魚吃了。」

大衛瞪大眼睛說：「哇，這麼慘！如果我是你的話，我永遠也不願意靠近大海。」

水手聽了之後，反問大衛：「那，你能不能告訴我，你的父親在哪裡過世的呢？」

大衛回答說：「喔，他是在床上斷氣的。」

「那，你的祖父呢？」

「他也死在床上。」

水手笑著對大衛說：「既然這樣，那就奇怪了，你為什麼還每天到床上去睡覺呢？」

畏首畏尾只會讓你的生命不斷倒退，誠如作家坎普所說的：「沒有遇過挫折的人，無法讓自己的生命綻放出美麗的花朵。」

生命最美之處，不在一帆風順，而是克服逆境、轉危為安的當下；而在夢想面前舉足不進，那才叫險境。

失敗的人之所以失敗，只因為在他們總是擔心著可能遭遇的危險；而成功的人之所以成功，則是在於他們不畏艱難、勇往直前。

也許這麼說有點八股，但是事情就是這樣，當們靜下心來反省，就不難發現因爲自己恐懼、害怕，錯失的機會究竟有多少。

失敗的陰影總是籠罩著害怕危險的人，越不敢冒險犯難，失敗的可能性就越容易加深。

生活雞精

理智告誡你必須改變自己，而你卻不能；恐懼使你踟躕不前，你究竟等待著什麼，往往連你自己也說不清。

——莫泊桑

你可以為自己編演一齣好戲

日本作家中島薰曾說：「認為自己『做不到』，只是一種錯覺，我們開始做某件事情前，往往先考慮做不做得到，接著就開始懷疑自己。」

法國文豪大仲馬曾經在他的著作中寫道：「未來有兩種前景，一種是猥猥瑣瑣的，一種是充滿理想的。上蒼賦予人自由的意志，讓人可以自行選擇，你的未來就看你自己了。」

手指扎了一根刺，不一定要喊痛，你也可以學俄國作家契訶夫，高興喊一聲：「幸虧不是扎在眼睛裡！」

你有權選擇自己的生活，敞開胸懷環抱世界，也許你沒有法子改變外面的現

實環境，但你可以改變自己的心態。

你可以把自己的人生編成一齣歡樂喜劇，也可以搞成痛苦不堪的悲劇，一切都操之在你。

有一天，湯姆到酒吧喝悶酒，服務生見他眉頭深鎖的樣子，便問他：「先生，您爲了什麼事心煩？」

湯姆答道：「上個月我的叔父去世，因爲他沒有後代，所以在遺囑中，他將僅有的五千張股票，全部留給了我！」

服務生聽後安慰湯姆：「你的叔父去世讓人覺得遺憾，但人死不能復生；況且，能繼承你叔父的股票，應該也算是一件好事啊！」

湯姆答道：「一開始，我也認爲是件好事。但是，這五千張股票全部面臨融資催繳，準備斷頭的股票啊！」

看來，湯姆的問題真的很令他頭痛，但是，「有危機就有轉機」，假使湯姆能抱著正面的心態來面對問題，就算面臨這樣的情況，只要能妥善應對，終究會有「解套」的一天，而且這這五千張股票，說不定還會成爲他往後的最大資產。

激勵作家坎伯曾說：「我們無法矯治這個苦難的世界，但是，我們能選擇快樂地活著。」

天下事沒有絕對，也沒有一定標準，好事和壞事也會互換角色來扮演，最重的是，你如何選擇面對事情的態度。

如果你凡事抱著負面的心態來看待，那麼就算讓你中了一千萬彩金，也肯定是件壞消息。

因爲，你中了彩金之後，就會開始害怕有人會覬覦你的錢財，會對你採取不利的行動，而整天提心吊膽。

日本作家中島薰曾說：「認為自己『做不到』，只是一種錯覺，我們開始做某件事情前，往往先考慮做不做得到，接著就開始懷疑自己。」

如果你在做任何事之前，只一味消極的告訴自己「絕對做不到」，那你只有一輩子住在自己一手打造的心靈「套」房裡。

生活雞精

在厄運中滿懷希望，在好運中不忘憂慮，這樣我們就能泰然擔待人世間的福禍。

——賀拉斯

在行動中激發自己的能力

習慣安於現狀，老是逃避困難而沒有危機感的人，一輩子只能在雞群中奔跑，無法像老鷹一樣展翅高飛！

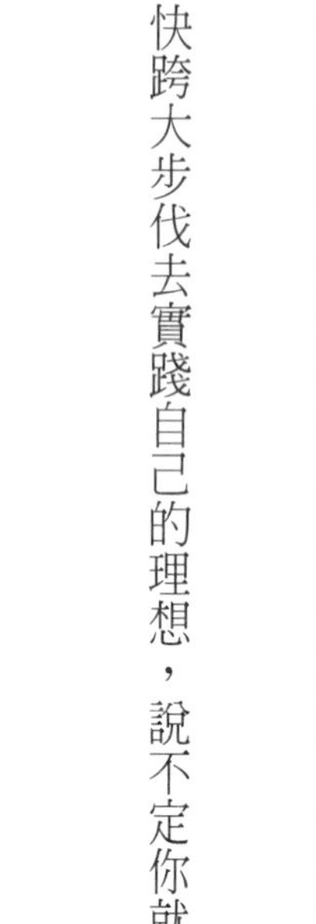

能力是從行動中激發出來的，就算一個人的能力再好，也要經過訓練才會展現出來。

你還在觀望什麼？快跨大步伐去實踐自己的理想，說不定你就是下一個創造奇蹟的天才。

有個小男孩不小心把一顆老鷹蛋帶到父親的養雞場，和雞蛋混在一起讓母雞來孵化。

母雞成功孵化後，小鷹與小雞們和平地生活在一起，並不覺得自己有什麼不同於小雞的地方。

可是，當小鷹長大後，卻發現小雞們總是用異樣的眼神看牠。

牠這才開始懷疑：「我一定有什麼不同於小雞的地方。」只是牠一直無法證明這個懷疑。

直到有一天，一隻老鷹從養雞場的上空飛過，小鷹看見老鷹自由自在地舒展著翅膀，頓時感覺自己的兩翼也有著一股奇妙的力量，心中激動了起來。牠望著高空翱翔的老鷹，心中無比羨慕。

牠心裡不斷地想：「要是我也能像牠一樣該多好，那我就可以脫離這個偏僻狹小的地方，飛上天空，從山頂上俯瞰大地。可是，我要如何才能像老鷹一樣飛翔呢？我從來沒有張開過翅膀，沒有飛行的經驗，如果從半空中墜下，該怎麼辦？」

小鷹的內心猶豫、徘徊、衝動，經過了一段激烈的掙扎之後，終於決定冒險試試。於是，牠展翅高飛，發現自己竟然能在天空自在地飛翔，便振翅往更高的地方飛去。

小鷹成功了，更看見了世界的遼闊與美妙！

小鷹的成功，幾乎可以代表每一個冒險家成功的歷程。

當你不滿足當下平淡的生活，開始厭惡現在的生存方式，期望享受新的樂趣，盼望嘗試更富有創造性的理想生活時，請看看小鷹的成功，從中你可以得到啓示。

任何開創性的生活和希望，就潛伏在最平常的生活之中，想發現它，你就得具備探險的勇氣。

每個人都具備著像老鷹一樣突破生活格局的潛能，只是因爲置身於「養雞場」，自以爲是不會飛的小雞而被忽略了。當你有了冒險意識，勇於探索和實踐，你的潛能才能發揮出來。

所謂的才華和能力，只有在一道道難關克服的過程中才會展現出來。習慣安於現狀，老是逃避困難而沒有危機感的人，一輩子只能在雞群中奔跑，無法像老鷹一樣展翅高飛！

生活雞精

發現你的存在是生命的開始，於是，每一時刻都是一個新的發展，每一時刻都帶來新的歡樂。

——奧修

鋪一條沒有坑洞的康莊大道

不要吝惜在別人需要的時候伸出援手，因為在你伸出援手的同時，也等於為你的人際關係鋪好了一條康莊大道。

任何人在遭遇困難時，都希望能有一個堅強的靠山伸出援手。所以，當你爲了自己的人際關係不佳而懊惱時，千萬記得，成爲別人的援手，也是建立良好人際關係的手段。

英國可說是社會福利工作做得最完善的國家之一，但也因爲社會福利的完善，

造成英國財政上的許多問題。

一九七九年，素有「鐵娘子」之稱的柴契爾夫人開始擔任英國首相之時，便致力於改革英國的稅賦制度。

她的改革包含了經濟、社會、醫療、社會保障和教育。雖然在改革的過程中產生不少「太過分」的埋怨聲浪，但確實也讓英國日趨嚴重的財政赤字問題逐漸好轉。

柴契爾夫人就任之後，爲了樹立改革的榜樣，每天早上六點起床，辦理公務一直到深夜才休息。

她這種兢兢業業、以身作則的精神，不僅獲得英國國民一致的支持，對她的改革措施、堅毅信念和卓越的領導能力，絕大多數民衆也感到相當佩服以及肯定。

人與人之間的互動是相當微妙的，往往左右著一個人的成敗，凡事針鋒相對無疑是最糟糕的處世模式。唯有懂得借力使力，把那些反對、批評自己的「壞人」

變成另類的貴人，才算是眞正成功的人。

不只是國家的元首需要支持，一般人也不能缺乏朋友的支持。因爲，支持代表了別人的看法和評價，一個缺乏朋友支持的人，不要說成功了，就連與人相處都會很辛苦。

所以，不要吝惜在別人需要的時候伸出援手，因爲在你伸出援手的同時，也等於爲你的人際關係鋪好了一條沒有坑洞的康莊大道。

此外，千萬不要用情緒解決問題，聰明的人必須根據不同的情勢，採取相應的作戰方針，不管伸縮、進退，都應該進行客觀的評估，如此才能獲得勝利。可別因爲一時沉不住氣，導致自己一敗塗地。

物質的滿足不是真正的富裕

真正的富裕指的是心境而非錢財，一個貪心的人永遠滿足不了自己心靈上的飢渴，即使得到很多，還會想要更多。

俄國作家艾特馬托夫在《斷頭台》一書中如此寫道：「貪財、權慾和虛榮心弄得人痛苦不堪。這是大眾意識的三根台柱，無論何時何地，它們都支撐著毫不動搖的庸人世界。」

正是因爲人總是受到財富、權慾和虛榮心的牽引，所以才一副刻薄、吝嗇的嘴臉，只知巧取豪奪而不知滿足，縱使擁有了萬貫家財，但在心靈上仍是處處讓人瞧不起的的乞丐。

有一戶爲富不仁的有錢人家，家中的穀倉裡儲存了好幾倉米。

某一年遇上了旱災，當地農作物收成不良，米價又大幅上漲，鄉人窮得沒有飯吃，只得出重利向這位有錢人借米，豈知，有錢人盤算之後卻嫌他們的利息太少，一一打了回票。

一位好事者知道了，便出了個餿主意，爲有錢人家的老爺獻計說：「不如這樣，您可以把這幾倉米煮成粥借給那些窮人，事先言明每借出一桶粥，到了豐年時就必須還飯兩桶。反正您老人家多子多孫，家中人丁興旺，到了大豐收的年歲，近一點的地方，您就自己去討飯；遠一些的，就讓子孫們去討飯。您看這個辦法怎麼樣？」

莎士比亞曾經提醒那些嗜財如命的人說：「如果你把錢財視為上帝般膜拜，

錢財就會像魔鬼一樣來整治你。」

人如果貪心而不知足，那麼富人和要飯的乞丐又有什麼兩樣？眞正的富裕指的是心境而非錢財，一個貪心的人永遠滿足不了自己心靈上的飢渴，即使得到很多，他都還會想要更多。

慾望像個永無止盡的無底洞，你是要扛著一身金銀財寶往下跳，還是超然一身地悠遊在洞口之外？

物質並不能塡滿心靈的空虛，知足不貪才有可能享受人生眞正的樂趣。

慎重選擇自己的模仿對象

這個競爭激烈的社會，嚴格說起來，就是一場大型的模仿秀。選對了目標，成功或許指日可待；一旦選錯了，可能就得花更多的時間繞遠路了。

人的成長，往往來自於模仿別人，然後從模仿中找到自己的風格。

越懂得「模仿」訣竅的人，就越容易成爲他所模仿的對象，到最後甚至超越被模仿的人。

有一位作家到洛杉磯旅行時，他的美國朋友開車帶著他到處觀光。

當他們來到洛杉磯最著名的高級住宅區比佛利山莊之時，看到了各式各樣的豪宅，作家忽然問他的美國朋友說：「你看到這麼高級的豪宅，會不會嫉妒住在裡面的人？」

美國朋友回答：「當然嫉妒，不過我嫉妒的是他們能遇到好機會！如果將來我能遇到好機會的話，我會做得比他們還要好！」

後來，這位作家到日本去玩，一位日本朋友也帶著作家去參觀高級住宅區。日本的豪宅雖然建築和格局都與美國不同，但是一樣都很漂亮華麗。作家也問了日本朋友同樣的問題：「你會不會嫉妒住在裡面的人？」

日本朋友搖搖頭，回答說：「當然不會！日本人只要見到比自己強的人，通常都會主動接近那個人，和他交朋友，向他學習。等到把他的長處學到後，再設法超越他。」

只有傻瓜才會情緒性地嫉妒別人的成功，老是跟自己生悶氣，卻不想如何才能超越對方。

這個看起來競爭激烈的社會，嚴格說起來，就是一場大型的模仿秀。正因爲每個人都在不知不覺中模仿他人，所以如何選擇模仿對象，就成爲一件很重要的事了。

選對了模仿目標，成功或許指日可待；一旦選錯了，可能就得花更多的時間繞遠路了。

所以，成不成功靠的不只是運氣，還得好好地選擇自己想模仿的對象，如此一來，不只能讓自己節省不少的力氣，還可以比他人更快地達到目標。

你的心境，決定你的處境

調整心境，才會有幸福人生

不論眼前如何黑暗，人都要設法擺脫心中的陰霾，迎向充滿希望的未來。
從紛亂擾攘的悲觀走出來，從茫昧無明的苦惱走出來，生命就不會充斥著負面思緒……
幸不幸福，快不快樂，都是心的作用；
幸福快樂的法則其實很簡單，你越是用心體會，你的幸福快樂就會越真切。
晴天愛晴，雨天愛雨，在有歡樂處歡樂，在無歡樂處歡樂，充分享受生命的每個瞬間，
你就同樣能在不如意的際遇中過自己的幸福人生！

連城紀彥——編著

就算不被看好，也要做到最好

作　　者　凌　越
社　　長　陳維都
藝術總監　黃聖文
編輯總監　王　凌
出 版 者　普天出版家族有限公司
新北市汐止區忠二街 6 巷 15 號
TEL / (02) 26435033 (代表號)
FAX / (02) 26486465
E-mail：asia.books@msa.hinet.net
http://www.popu.com.tw/
郵政劃撥 19091443 陳維都帳戶
總 經 銷　旭昇圖書有限公司
新北市中和區中山路二段 352 號 2F
TEL / (02) 22451480 (代表號)
FAX / (02) 22451479
E-mail：s1686688@ms31.hinet.net
法律顧問　西華律師事務所・黃憲男律師
電腦排版　巨新電腦排版有限公司
印製裝訂　久裕印刷事業有限公司
出 版 日　2021 (民 110) 年 9 月第 1 版
I S B N◉978-986-389-786-6　　條碼 9789863897866

國家圖書館出版品預行編目資料

就算不被看好，也要做到最好／
凌越著.—第 1 版.—：新北市,普天出版
民 110.9 面；公分. - (生活良品；34)
I S B N◉978-986-389-786-6 (平裝)

生活良品

34

普天之下・盡是好書
普天出版家族
Popular Press Family
淩雲文創
A-Plus Creative Company